Patrick Zabel

Aktive latente Steuern im IFRS-Konzernabschluss

Zur Objektivität der Werthaltigkeitsbegründung

Bibliografische Information der Deutschen Nationalbibliothek:

Die Deutsche Nationalbibliothek verzeichnet diese Publikation in der Deutschen Nationalbibliografie; detaillierte bibliografische Daten sind im Internet über http://dnb.d-nb.de abrufbar.

Impressum:

Copyright © Studylab 2019

Ein Imprint der Open Publishing GmbH, München

Druck und Bindung: Books on Demand GmbH, Norderstedt, Germany

Coverbild: Open Publishing GmbH | Freepik.com | Flaticon.com | ei8htz

Inhaltsverzeichnis

Abkürzungsverzeichnis IV

Abbildungsverzeichnis VII

Tabellenverzeichnis VIII

1 Einleitung 1

2 Steuerliche Planungsrechnungen zur Werthaltigkeitsbegründung beim Ansatz aktiver latenter Steuern 4
   2.1 Entstehung aktiver latenter Steuern 4
   2.2 Werthaltigkeitsbewertung der Aktivüberhänge latenter Steuern mittels steuerlicher Planungsrechnungen 7
   2.3 Ermittlungswege steuerlicher Planungsrechnungen 12

3 Begründung der Objektivitätsproblematik auf Grundlage einer empirischen Untersuchung der aktiven latenten Steuern in IFRS-Konzernabschlüssen 16
   3.1 Überblick über bisherige positiv-empirische Untersuchungen 16
   3.2 Hypothesenbildung 17
   3.3 Stichprobe und Datenerhebung 20
   3.4 Forschungsdesign 21
   3.5 Hypothesenprüfung und Beantwortung der Forschungsfrage 23
   3.6 Mögliche Ursachen des Objektivitätsproblems 42

4 Ausblick: Lösungswege zur Steigerung der Objektivität 48
   4.1 Erfolgsneutrale Behandlung von latenten Steuern 48
   4.2 Qualitative Anhangangaben zu Planungsrechnungen 49
   4.3 Quantitative Anhangangaben zur Plausibilisierung von steuerlichen Planungen .. 51

5 Schlussteil 55

Literaturverzeichnis 57

Anhang 63

Abkürzungsverzeichnis

(i)	Satz
a.a.O.	am angegeben Ort
Anh.	Anhang
AO	Abgabenordnung
BFH	Bundesfinanzhof
BGB	Bürgerliches Gesetzbuch
BS	Bilanzsumme
bspw.	beispielsweise
BStBl.	Bundessteuerblatt
bzw.	beziehungsweise
d.h.	das heißt
Diff	Differenz
DPR	Deutsche Prüfstelle für Rechnungslegung DPR e.V.
DStR	Deutsches Steuerrecht
DTA	Deferred Tax Assets (Aktive latente Steuern)
DTL	Deferred Tax Liabilites (Passive latente Steuern)
Durchschn.	Durchschnitt (als arithmetisches Mittel)
EK	Eigenkapital
EL	Ergänzungslieferung
EStG	Einkommensteuergesetz
EUR	Euro
F.	Framework
f.	folgende
ff.	fortfolgende
gem.	gemäß
GewSt	Gewerbesteuer
GoB	Grundsätze ordnungsgemäßer Buchführung

HGB	Handelsgesetzbuch
hrsg. v.	herausgegeben von
i.S.d.	im Sinne des
i.V.m.	in Verbindung mit
IAS	International Accounting Standards
IDW	Institut der Wirtschaftsprüfer in Deutschland e.V.
IFRS	International Reporting Financial Standards
Jg.	Jahrgang
kfr.	kurzfristig
KSt	Körperschaftsteuer
lfr.	langfristig
lt.	laut
n.	nach
No.	Number
o.O.	ohne Ort
PersG	Personengesellschaft
PS	Prüfungsstandard
Q1, Q2, Q3, Q4	Quartal 1, Quartal 2, Quartal 3, Quartal 4
Rn.	Randnummer
S.	Seite
SolZ	Solidaritätszuschlag
temp.	temporär
Tz	Textziffer
u.a.	und andere
US-GAAP	United States Generally Accepted Accounting Principles
v.	von
VFE	Vermögens-, Finanz- und Ertragslage
VW	Vermögenswert

Abkürzungsverzeichnis

WpHG	Wertpapierhandelsgesetz
zvE	zu versteuerndes Einkommen
zzgl.	zuzüglich

Abbildungsverzeichnis

Abbildung 1   Branchenverteilung der Stichprobe 20

Abbildung 2   Verteilung der DTA-Entwicklung bezogen auf die Quartalsperioden 26

Abbildung 3   Einflussfaktoren der Hypothese 2 34

Abbildung 4   Anhang: Grafische Darstellung der Bandbreiten DAX30 und SDAX 64

Tabellenverzeichnis

Tabelle 1	Erhobene Berichtinformationen	21
Tabelle 2	Entwicklung DTA im Periodenvergleich	23
Tabelle 3	Geordnete Bandbreiten der DTA-Entwicklungen	24
Tabelle 4	Bandbreitenermittlung zwischen dem Median und der Quartile der Periodenentwicklung im Zeitvergleich	25
Tabelle 5	Quartil-Analyse vor Eliminierung	26
Tabelle 6	Quartil-Analyse nach Eliminierung	27
Tabelle 7	Durchschnittsentwicklung der Stichprobe nach Eliminierung	27
Tabelle 8	Korrelationsanalyse der DTA-Entwicklung zu bestimmten Bilanzposten	29
Tabelle 9	Differenzanalyse des 3. Quartil mit Aufteilung der DTA	30
Tabelle 10	Durchschnittliche Korrelation	31
Tabelle 11	Differenzanalyse des 3. Quartil ohne Aufteilung der DTA	32
Tabelle 12	Entwicklung der DTA im Periodenvergleich	32
Tabelle 13	Entwicklung der Bilanzposten im Periodenvergleich	33
Tabelle 14	Verhältnis aus DTA-Veränderung und Gewinn nach tatsächlichen Steuern im Vergleich zur Werthaltigkeitsindikation	39
Tabelle 15	Variablen Matrix für Unternehmen mit fehlender Werthaltigkeitsindikation	41
Tabelle 16	Anhang: Anteil aktiver latenter Steuern an der Bilanzsumme	63
Tabelle 17	Anhang: Gewinnauswirkung der aktiven latenten Steuern im DAX30 und SDAX	63
Tabelle 18	Anhang: Stichprobe DAX30 und SDAX	65
Tabelle 19	Anhang: Hypothese 2, Stichproben-Selektion Schritt 1	67
Tabelle 20	Anhang: Hypothese 2, Stichproben-Selektion Schritt 2	68
Tabelle 21	Anhang: Hypothese 2, Stichproben-Selektion Schritt 3	69
Tabelle 22	Anhang: Hypothese 2, Stichproben-Selektion Schritt 4	70

1 Einleitung

Die Publizität von Unternehmensinformationen entspringt dem Ziel, das Vertrauen in die Kapitalmärkte sicherzustellen. Hierzu müssen Berichtsinformationen glaubwürdig und relevant sein.[1] Im Rahmenkonzept der IAS / IFRS ist dieser Vertrauensgrundgedanke unmittelbar verankert, F. 24 (ii). Aktive latente Steuern nehmen in Konzernabschlüssen einen nicht unwesentlichen Anteil der Bilanzsumme ein. So sank zwar der Anteil der aktiven latenten Steuern im Verhältnis zur Bilanzsumme im SDAX von 2,40 % im Jahr 2013 auf 2,06 % im Jahr 2016, im DAX30 stieg ihr Anteil im selben Zeitraum jedoch von 2,54 % auf 3,06 % an.[2] Die Gewinnauswirkungen der latenten Steuern auf den Gewinn nach Steuern reichte im Berichtsjahr 2016 im DAX von -66 % bis +22 % und im SDAX von -11% bis +100 %, wobei die Bandbreite im Zeitverlauf weitgehend unabhängig vom jeweiligen Indizes ist.[3] Insoweit wird deutlich, welche Bedeutung der Bilanzierung von latenten Steuern beigemessen werden muss.

In den Abschlüssen kapitalmarktorientierter Unternehmen sind umfangreiche Gestaltungsmöglichkeiten vorhanden.[4] Diese Gestaltungsmöglichkeiten konterkarieren den Rechenschaftszweck, welche eine periodengerechte Erfolgsermittlung voraussetzt[5]. Die Gestaltung im Rahmen der Bilanzierung aktiver latenter Steuern ist ein Instrument dieser Bilanzpolitik.[6] Sie beinhalten aufgrund der Werthaltigkeitsbewertung inhärent einen Unsicherheitsfaktor und werden im Rahmen der Bilanzanalyse regelmäßig eliminiert[7]. Diese zeigt, welchen Zweifel aktive latente Steuern beim Adressaten hervorrufen können. Ursächlich hierfür sind die umfassenden Ermessensentscheidungen, die mit der Werthaltigkeitsbetrachtung ein hergehen und die hohe Abstraktion des Bilanzpostens. Die vermeintliche Notwendigkeit der Eliminierung widerspricht jedoch dem Grundgedanken, des True and

---

[1] Vgl. Marten, K./Quick, R./Runke, K., Wirtschaftsprüfung, 2015, S. 12.
[2] Siehe Tabelle im Anhang.
[3] Siehe Tabelle im Anhang, sowie eine grafische Bandbreitenanalyse.
[4] Vgl. Küting, K./Weber, C., Die Bilanzanalyse, 2015, S. 565 f.
[5] Vgl. Baetge, J./Kirsch, H./Thiele, S., Konzernbilanzen, 2015, S. 45.
[6] Vgl. Müller, S./Ladewich, S./Panzer, L., Abschlusspolitisches Potenzial, 2014, S. 201; vgl. Krimpmann, A., Latente Steuern in der Praxis, 2011, S. 52.
[7] Vgl. Küting, P./Weber, C., Die Bilanzanalyse, 2015, S. 42, 92, 105, 108; vgl. hingegen zur Relevanz im Rahmen Bilanzanalyse Baik, B./Kyonghee, K./Morton, R./Roh, Y., Analysts' pre-tax income forecasts and the tax expense anomaly, in Review of Accounting, 2016, S. 589.

Fair Presentation nach F. 46, der IFRS[8]. Zudem weißt ihre Bilanzierung, trotz der grundsätzlich konsistenten Standardsetzung[9], eine hohe Komplexität auf.[10] So werden innerhalb von DPR Prüfungen immer wieder Fehler festgestellt.[11] Latente Steuern sind prädestiniert dazu, wissentlich und unwissentlich eine Bilanzierung abweichend der IAS 12 vorzunehmen. Bei dem Bilanzposten der aktiven latenten Steuern handelt es sich um eine im höchsten Maße durch Ermessensentscheidungen und Gestaltungen beeinflussbare Größe. Die Werthaltigkeit aktiver latenter Steuern ist normativ gegeben, wenn der Bilanzaufsteller unabhängig von Gestaltungsabsichten die Bilanzierung der Höhe nach entsprechend dem IAS 12 vornimmt. Der IAS 12 räumt, hinsichtlich der Werthaltigkeitsbegründung auf Basis steuerlicher Planungsrechnungen abweichend von seiner Kodifizierung, faktisch vielfältige Gestaltungsmöglichkeiten ein. Durch die Einführung des neuen Leasing-Standards IFRS 16 und seinen Auswirkungen auf die Eigenkapitalquote wird sich der Drang zur erfolgswirksamen Mehraktivierung latenter Steuern verstärken. Mit ihnen geht eine hohe Unsicherheit einher, welche durch eine Objektivität aufgelöst werden kann. Insoweit müssen sich latente Steuern zwingend daran messen lassen, inwieweit ihnen eine Objektivität zuzurechnen ist.

Die Bilanzierung ist nicht objektiv, wenn sie aufgrund von intrinsischen oder extrinsischen Anreizen erfolgt. Aus Sicht eines Investors generiert der unrichtige Ansatz aktiver latenter Steuern Erwartungswerte, deren Nutzenzufluss jedoch nicht eintritt. Bei einer entsprechenden Feststellung liegt eine Objektivitätsproblematik vor, welche gegen die qualitative Anforderung der Verlässlichkeit gem. F. 31 und der Glaubwürdigkeit gem. F. 33 f. verstößt. Objektivität ist die Abbildung der tatsächlichen Vermögens-, Finanz- und Ertragslage[12] i.S.d. IAS 1.15 (i). Sie setzt die Glaubwürdigkeit und Nachvollziehbarkeit eines Bilanzpostens voraus[13],

---

[8] Vgl. Dolson, M./Selfridge, I., Manuel of Accouting IFRS 2017 – Volume 1, 2016 1.20 u. 1.29; vgl. Flagmeier, V., The information content of tax loss carryforward: IAS 12 vs. valuation allowance, 2017, S. 21.
[9] Vgl. Pellens, B./Fülbier, R./Gassen, J./Sellhorn, T., Internationale Rechnungslegung, 2017, S. 246 f.
[10] Vgl. Müller, S./Ladewich, S. / Panzer, L., Abschlusspolitisches Potenzial, 2014, S. 201.
[11] Vgl. DPR, Tätigkeitbericht 2010, 2011, S. 7 f.; vgl. Berger, A., Was der DPR aufgefallen ist, 2006, S. 2473.
[12] Nachfolgend VFE-Lage abgekürzt.
[13] Vgl. Baetge, J., Möglichkeiten der Objektivierung des Jahreserfolges, 1970, S. 18-16; vgl. Moxter, A., Grundsätze der ordnungsgemäßen Buchführung, 2003, S. 228-229.

insbesondere vor dem Hintergrund der Ungewissheit zukunftsbezogener Posten[14]. Zukunftsbezogene Posten können aufgrund der Vorausbetrachtung niemals mit der tatsächlichen VFE-Lage übereinstimmen.[15] Durch diese Verletzung der Richtigkeit[16], ist die Abgeltung durch Objektivität erforderlich[17]. Objektivität ist daher das Vorhandensein von Sachlichkeit.[18]

Die Forschungsfrage der Masterarbeit lautet vor diesem Hintergrund: Kann dem Bilanzposten der aktiven latenten Steuern in IFRS-Konzernabschlüssen objektiv verlässlich eine Werthaltigkeit und damit ein Werturteil beigemessen werden? Die empirische Forschung wird hierzu auf Basis der quartalsweisen Berichterstattung im Zeitvergleich mit jeweils 25 Unternehmen aus dem DAX30 und dem SDAX vorgenommen. Im ersten Abschnitt wird die Technik der Bilanzierung aktiver latenter Steuern im IFRS-Konzernabschluss dargestellt. Hierauf baut im zweiten Abschnitt die Begründung des Objektivitätsproblems auf. Ziel der Bilanzierungsforschung ist die Aufdeckung von Abhängigkeiten und die Schaffung von Erkenntnissen.[19] In diesem Abschnitt wird die empirische Forschungsfrage durch eine ertragswirtschaftliche und eine finanzwirtschaftliche Hypothese untersucht. Liegt eine Objektivitätsproblematik vor, würden aktive latente Steuern der in den IFRS verankerten Anforderung, entscheidungsnützliche Informationen zu liefern, nicht gerecht werden. Um die Ergebnisse anschließend einordnen zu können, wird im Anschluss an die empirische Untersuchung eine allgemeine Ursachenanalyse vorgenommen. Im letzten Abschnitt werden im Rahmen des Ausblicks schließlich Lösungsmöglichkeiten für die Behebung eines Objektivitätsproblems dargestellt.

---

[14] Vgl. Haddad, N., Qualität der Rechnungslegung, 2016, S. 88.
[15] Vgl. Leffson, U., Die Grundsätze der ordnungsgemäßen Buchführung, 1987, S. 197.
[16] Vgl. Haddad, N., Qualität der Rechnungslegung, 2016, S. 88.
[17] Vgl. Baetge, J., Möglichkeiten der Objektivierung des Jahreserfolges, 1970, S. 18-19.
[18] Vgl. Haddad, N., Qualität der Rechnungslegung, 2016, S. 88.
[19] Vgl. Schmidt, M, Research Methods in Accounting, 2017, S. 1.

2 Steuerliche Planungsrechnungen zur Werthaltigkeitsbegründung beim Ansatz aktiver latenter Steuern

2.1 Entstehung aktiver latenter Steuern

Latente Steuern folgen keinem Selbstzweck. Dem Ziel gem. F. 26 relevante und damit entscheidungsnützliche Informationen zu liefern, müssen sich latente Steuern daran messen lassen, inwieweit sie einem Investor in die Situation versetzen, aus dem Bilanzposten einen auf sich bezogenen Nutzen ableiten zu können. Im Folgenden wird die Entstehung von aktiven latenten Steuern, in der Tiefe dargestellt, wie sie für das Verständnis der empirischen Erhebung erforderlich ist.[20]

Aktive latente Steuern[21] entstehen aus abzugsfähigen temporären Differenzen gem. IAS 12.5. Abzugsfähige temporäre Differenzen werden auf Grundlage eines Bilanzvergleiches ermittelt. Der Bilanzvergleich erfolgt zwischen dem IFRS-Ansatz und seiner steuerlichen Basis. Die steuerliche Basis ist der für steuerliche Zwecke beizulegende Wert. Dem Bilanzvergleich und damit dem Ansatz liegt in der Konzeption des IAS 12 das temporary-Konzept zugrunde.[22] Nach diesem Konzept sind künftige Nutzenzuflüsse und Nutzenabflüsse aus unterschiedlichen Wertansätzen im Rahmen des Vermögensausweises zu berücksichtigen.[23] Der Umkehreffekt führt zu einer Reduzierung des zu versteuernden Ergebnisses, IAS 12.5 und 27 (i). Aktive latente Steuern stellen aus Sicht des IFRS-Bilanzierers einen Steuervorteil dar, der durch Umkehreffekte zu einem künftigen Nutzenzufluss führt. Der Nutzenzufluss in Form von verminderten Steuerzahlungen ergibt sich daraus, dass ein höheres IFRS-Ergebnis vorliegt, dem jedoch ein niedrigeres zu versteuerndes Einkommen gegenübersteht. Die tatsächlichen Steueraufwendungen fallen geringer aus, als die erwarteten Aufwendungen betragen. Die erwarteten Aufwendungen ergeben sich

---

[20] Die Darstellung beziehen sich auf Körperschaften. Es werden keine Zinsvorträge u.a. dargestellt. Eine Darstellung von Effekten bei PersG und Organschaften wird nicht vorgenommen, wobei die Bezeichnung Steuersubjekt gleichermaßen auch für Organkreise gilt, vgl. hierzu weiterführend Krimpmann, A., Latente Steuern in der Praxis, 2011, S. 72 -78.

[21] Im Folgenden auch DTA (Deferred Tax Assets).

[22] Vgl. Pellens, B./Fülbier, R./Gassen, J./Sellhorn, T., Internationale Rechnungslegung, 2017, S. 253; vgl. Sigloch, J./Keller, B./Meffert, T., GmbH-Gesetz, 2017, Anhang § 41-42a Rn. 1044.

[23] Vgl. Baetge, J./Kirsch, H./Thiele, S., Bilanzen, 2017, S. 569; vgl. Meyer, M./Loitz, R./Linder, R./Zerwas, P., Latente Steuern, 2010, S. 47.

aus der Multiplikation des IFRS-Ergebnisses mit dem Ertragssteuersatz. Aktive latente Steuern führen daher im IFRS Abschluss dazu, dass bei Realisierung eines Vermögenswertes oder Erfüllung einer Schuld eine Reduzierung des künftigen Steueraufwandes (als Summe der tatsächlichen und latenten Steuern) durch die aufwandwirksame Ausbuchung der latenten Steuer eintritt. Die aktiven latenten Steuern zeigen somit den Vorteil der künftigen Abzugsfähigkeit bei der Besteuerung. Latente Steuern folgen dem Konzept der Periodenabgrenzung, F. 22.[24] Ihr Ziel besteht darin, die Vermögens-, Finanz- und Ertragslage stichtagsbezogen, betreffend künftiger Steuereffekte darzustellen.[25] Durch den Stichtagsbezug des temporary-Konzepts ergibt sich eine statische Betrachtungsweise.[26] Bei permanenten Differenzen, also jene die zeitlich unbegrenzt sind und sich daher nicht ausgleichen[27], stellt sich kein Umkehreffekt ein. Aus diesem Grund sind diese nicht anzusetzen. Differenzen, die sich zwar im üblichen Verlauf nicht automatisch umkehren, deren Umkehr jedoch bspw. im Rahmen einer Liquidation eintritt, fallen als quasitemporäre Differenzen unter das Ansatzgebot.[28] Nach IAS 12.24 (i) besteht ein Ansatzverbot für aktive latente Steuern hinsichtlich sogenannter initial differences die sich bspw. aus steuerfreien Investitionszulagen ergeben können.[29] Latente Steuern folgen beim Ansatz der Erfolgswirksamkeit des zugrundeliegenden Geschäftsvorfalls, IAS 12.57. Erfolgsneutral latente Steuern werden durch Abzug vom Basiswert gebildet. Durch die Bildung von latenten Steuern kommt es hier zu keiner Veränderung der Bilanzsumme.

Die Ermittlung von latenten Steuern aus temporären Differenzen erfolgt auf verschiedenen Ebenen. Bei Inside Basis Differences erfolgt die Betrachtung auf Ebene des Steuersubjektes. In der Praxis erfolgt die Ermittlung der temporären Differenzen regelmäßig über den zweistufigen Bilanzvergleich aus Steuerbilanz zu HGB (Stufe 1) und schließlich HGB zu IFRS (Stufe 2). Im IFRS-Konzernabschluss sind

---

[24] vgl. Pellens, B./Fülbier, R./Gassen, J./Sellhorn, T., Internationale Rechnungslegung, 2017, S. 249; vgl. Idenkämper, A., Münchener Kommentar zum Bilanzrecht, 2014, IAS 12 Rn. 61.
[25] Vgl. Dolson, M./Selfridge, I., Manuel of accounting IFRS 2017 – Volume 1, 2016, 14.18; vgl. Pellens, B./Fülbier, R./Gassen, J./Sellhorn, T., Internationale Rechnungslegung, 2017, S. 249.
[26] Vgl. Berga, Madara/Lorson, Peter C./Melcher, Winfried, Theoretische Konzepte zur Abbildung von Ertragsteuern, 2012, S. 2551.
[27] Vgl. Winnefeld, R, Bilanz-Handbuch, 2015, Rn. 1373; vgl. Pellens, B./Fülbier, R./Gassen, J./Sellhorn, T., Internationale Rechnungslegung, 2017, S. 251f.
[28] vgl. Wollmert, P., WP-Handbuch, 2017, Kapitel K Tz. 247.
[29] Vgl. Schulz-Danso, M. in IFRS Handbuch, 2016, § 25 C Rn 99.

neben den dargestellten Inside Basis Differences weitere Entstehungsebenen vorhanden: Durch die Notwendigkeit einer Konzernbilanzierungsrichtlinie gem. IFRS 10.19 sind vor Erstellung der Summenbilanz Anpassungen in der sogenannten IFRS II - Bilanz[30] vorzunehmen, IFRS 10.B87. Aus diesen Anpassungen können latente Steuern resultieren, IFRS 10.B86 (c) (iii). Im Rahmen der Konsolidierung können weitere latente Steuern entstehen. Schließlich ergeben sich Outside Basis Differences aus dem Vergleich des anteiligen Eigenkapitals im Konzernabschluss und dem Ansatz des Beteiligungsbuchwertes im steuerlichen Einzelabschluss des Mutterunternehmens, IAS 12.38 (i).[31] Der Ansatz von Outside Basis Differences ist nur unter eingeschränkten Voraussetzungen nach IAS 12.39 und 44 möglich.[32]

Aktive latente Steuern können sich nach IAS 12.5 aus Verlustvorträgen ergeben. Verlustvorträge entstehen aus einem negativen zu versteuernden Einkommen.[33] Im Rahmen der Aktivierung von körperschaft- und gewerbesteuerlichen Verlustvorträgen ist die sogenannte Mindestbesteuerung zu beachten, § 10d Abs. 1 Satz 1, Abs. 2 Satz 1 EStG i.V.m. § 8 Abs. 1 Satz 1 KStG bzw. § 10a Satz 2 GewStG. Für ausländische Unternehmen ist die jeweilige nationale Gesetzgebung zugrunde zu legen. Durch Verlustvorträge ergibt sich ebenfalls ein Nutzenzufluss: Der IFRS-Gewinn der Folgeperiode steht einem geringeren zu versteuernden Einkommen gegenüber. Durch die Antizipation mittels aktiver latenter Steuern erfolgt eine Kompensation bereits im Zeitpunkt der Entstehung der Verlustvorträge[34]. Dem Adressaten dient die Aktivierung von latenten Steuern zukünftige Steuerentlastungen zu beurteilen.[35]

Latente Steuern werde nicht diskontiert, IAS 12.53. Die Bilanzierung der Höhe nach erfolgt unter Multiplikation mit einem Steuersatz, IAS 12.47 (i). Latente Steuern sind mit dem Steuersatz zu bewerten, welcher im Umkehrzeitpunkt Gültigkeit

---

[30] Teilweise auch HB II genannt.
[31] Vgl. Loitz, R., Tax Accounting nach ED/2009/2, 2009, S. 2269; vgl. Pellens, B./Fülbier, R./Gassen, J./Sellhorn, T., Internationale Rechnungslegung, 2017, S. 253; vgl. Baetge, J./Kirsch, H./Thiele, S., Konzern Bilanzen, 2015, S. 459.
[32] vgl. Baetge, J./Kirsch, H./Thiele, S., Konzern Bilanzen, 2015, S.462; vgl. Schildbach, Thomas, Der Konzernabschluss nach HGB, IFRS und US-GAAP, 2008, S. 349 ff.
[33] vgl. Urteil BFH v. 17.10.1990, BStBl. II 1991, S. 136; auf eine ausführliche Darstellung von KSt- und GewSt-VV wird im Folgenden nicht eingegangen.
[34] vgl. Zwirner, C./Busch, J./Reuter, M., Abbildung und Bedeutung von Verlusten im Jahresabschluss, 2003, S. 1044.
[35] Vgl. Haddad, N., Qualität der Rechnungslegung, 2016, S. 117

besitzt bzw. bereits für künftige Veranlagungszeiträume durch den Bundesrat verabschiedet wurde, IAS 12.47 (ii).[36] Bei Kapitalgesellschaften wird für die Bewertung ein Gesamtsteuersatz aus KSt, GewSt und SolZ zugrunde gelegt.[37] Für die Bewertung von Verlustvorträgen ist individuell der korrespondierende Steuersatz anzuwenden. Die Bewertung der temporären Differenzen und Verlustvorträge ist das Ergebnis der Liability-Methode bei der ein zutreffender Vermögensausweis im Mittelpunkt steht.[38] Latente Steuern sind im Rahmen des gleichen Steuersubjektes und hinsichtlich der gleichen Steuerart und Fristigkeit zu saldieren, IAS 12.74. Im ersten Schritt erfolgt eine Saldierung auf Ebene des Steuersubjektes. Im zweiten Schritt auf Ebene der Konsolidierungsmaßnahmen mit den latenten Steuern aus einer Kaufpreisallokation. Die Outside Basis Differences sind im dritten Schritt mit den latenten Steuern des Mutterunternehmens zu saldieren.[39]

Es zeigt, dass die Entstehungsebenen latenter Steuern vielfältig sind. Mit dem Grad der Komplexität steigt die Unsicherheit, eine dem Standard entsprechende Bilanzierung vorzunehmen. Diese Unsicherheit wird, wie im folgenden Kapitel dargestellt, im Rahmen der Werthaltigkeitsbetrachtung verstärkt.

2.2 Werthaltigkeitsbewertung der Aktivüberhänge latenter Steuern mittels steuerlicher Planungsrechnungen

Aktive latente Steuern führen, wie dargestellt, zu einem Nutzenzufluss in Form von verminderten Steuerzahlungen. Der Nutzenzufluss ergibt sich nur, sofern zukünftig ein positives zu versteuerndes Einkommen vorliegt. Daher ist ein zukünftiges zu versteuerndes Einkommen erforderlich, gegen das die aktiven latenten Steuern aus temporären Differenzen verwendet werden können, IAS 12.24 (i) und 27 (ii). Dieses künftige zu versteuernde Einkommen muss wahrscheinlich sein. Wahrs-

---

[36] Vgl. Meyer, M./Loitz, R./Linder, R./Zerwas, P., Latente Steuern, 2010, S. 64, vgl. Kröner, M./Benzel, U., Konzernsteuerrecht, 2008, § 12 Rn. 58.
[37] Vgl. Meyer, M./Loitz, R./Linder, R./ Zerwas, P., Latente Steuern, 2010, S. 65.
[38] Vgl. Dolson, M./Selfridge, Iain, Manuel of Accouting IFRS 2017 – Volume 1, 2016, 14.17; vgl. Sigloch, J./ Keller, B./Meffert, T., GmbH-Gesetz, 2017, Anhang § 41-42a Rn. 1044, vgl. Pellens, B./Fülbier, R./Gassen, J./Sellhorn, T., Internationale Rechnungslegung, 2017, S. 259.
[39] Vgl. Meyer, M./Loitz, R./Linder, R./Zerwas, P., Latente Steuern, 2010, S. 85.

cheinlich bedeutet nach IFRS 5.45, dass mehr dafür als dagegenspricht. Sie muss also mehr als 50 % betragen.[40]

Die Wahrscheinlichkeitsvoraussetzung ist nach IAS 12.28 ohne weiteres Ermessen erfüllt[41], wenn ausreichende passive latente Steuern verrechnet werden können. Diese müssen in Bezug auf die Steuerbehörde, das Steuersubjekt und den Umkehrzeitpunkt korrespondierend sein.[42] Hierbei handelt es sich um eine Vereinfachung unter der Fiktion, dass der Abbau einer passiven latenten Steuer stets zu einem Nutzenabfluss führt.[43]

Liegen keine passiven latenten Steuern vor oder reichen diese nicht aus, so ist zusätzlich auf das zukünftige zu versteuernde Einkommen abzustellen, IAS 12.29. Voraussetzung ist, dass das zukünftige zu versteuernde Einkommen wahrscheinlich ist und auf dieselbe Steuerbehörde und das gleiche Steuersubjekt entfällt. Dabei ist zu beachten, dass für die Ermittlung gem. IAS 12.29 (a) (ii) das zu versteuernde Einkommen vor Umkehreffekten anzusetzen ist. Die Planung der Umkehreffekte ist nur auf im Planungszeitpunkt bereits bestehende latente Steuern abzustellen.[44] Ein Abbau von aktiven latenten Steuern führt zu einer Erhöhung, ein Abbau von passiven latenten Steuern führt zu einer Reduzierung des zu versteuernden Einkommens vor Umkehreffekten. Es ist daher eine periodisierte Planung der Umkehreffekte vorzunehmen. Grundsätzlich kann unter dieser Planungsrechnung eine individuelle, fundierte und zweckorientierte Aufstellung des künftigen Erfolges verstanden werden, welche ein inhärentes Risiko des Eintrittes in sich birgt.[45] Für die jeweiligen Perioden der Planungsrechnung gilt, dass negativ geplante zu versteuernde Einkünfte nicht zu berücksichtigen sind.[46] Sie muss das allgemeine und

---

[40] vgl. Loitz, R., Bilanzierung latenter Steueransprüche für Vorträge noch nicht genutzter steuerlicher Verluste nach IFRS, 2007, S. 780.
[41] Vgl. Meyer, M., Berücksichtigung von Steuergestaltungen in der internationalen Rechnungslegung, 2013, S. 2020.
[42] vgl. § 226 Abs. 1 AO analog i.Vm. § 387 BGB; aus Gründen der Wesentlichkeit kann jedoch auf das Erfordernis der gleichen Steuerbehörde verzichtet werden vgl. Schulz-Danso, M. in IFRS Handbuch, 2016, § 25 B Rn. 51.
[43] Vgl. Ruberg, L., Zum Werthaltigkeitsnachweis durch Passivlatenzen bei Mindestbesteuerung und Abbau in steuerlichen Verlustphasen, 2014, S. 607 ff.
[44] Wobei analog IAS 12.75 keine grundsätzliche Planung von Umkehreffekten vorzunehmen ist.
[45] in Anlehnung an Buchholz, L./Gerhard, R., Internes Rechnungswesen, 2016, S. 154 f. und S. 168.
[46] vgl. Schäfer, H./Suermann H., Ansatz aktiver latenter Steuern nach IAS 12, 2010, S. 2750.

unternehmensspezifische Umfeld des Steuersubjektes und dessen Positionierung berücksichtigen.[47] Mit ihr muss eine Planungstreue verbunden sein, die aus einem Plan-Ist-Vergleich abgeleitet wird.[48] Die Planungstreue stellt einen Indikator für die Eintrittswahrscheinlichkeit dar. Bei der Analyse des Nutzungspotenzials von latenten Steuern auf Verlustvorträgen ist die Mindestbesteuerung zu beachten. Die Werthaltigkeitsprüfung ist zu jedem Abschlussstichtag erneut zu prüfen, IAS 12.37 (i). Der Planungszeitraum ist nicht festgelegt. Eine pauschale Begrenzung des Planungszeitraums widerspricht dem Sinne des Standards.[49] Kriterien hinsichtlich des Planungszeitraums können die Stabilität der periodischen Ergebnisse, die Art des Geschäftsmodells, das Umfeld und die gesetzlichen Rahmenbedingungen sein.[50] Für die Entscheidung des Planungszeitraums hat sich der Aufsteller ein Gesamtbild der Verhältnisse zu verschaffen.[51] Es können durchaus Trendaussagen im Anschluss an einen Detailplanungszeitraum berücksichtigt werden.[52] Insgesamt nimmt die Eintrittswahrscheinlichkeit mit zunehmender Prognosedauer ab.[53]

Liegt kein ausreichendes zukünftiges zu versteuerndes Einkommen vor, so können Steuergestaltungsmaßnahmen zur Erzeugung eines künftigen zu versteuernden Einkommens berücksichtigt werden, IAS 12.29 (b). Steuergestaltungsmaßnahmen sind Maßnahmen, mit denen das Unternehmen den Untergang von Verlustvorträgen durch Erzeugung eines zu versteuernden Einkommens verhindern würde, IAS 12.30 (i). Aufgrund des Wortlautes und dem US-GAAP-Vorbild der Regelung[54]

---

[47] Vgl. Meyer, M./Loitz, R./Linder, R./Zerwas, P., Latente Steuern, 2010, S. 108.

[48] Vgl. Schulz-Danso, Martin in IFRS Handbuch, 2016, § 25 C Rn 74; vgl. Meyer, M./Loitz, R./Linder, R./Zerwas, P., Latente Steuern, 2010, S. 108.

[49] Vgl. DRSC, Stellungnahme zur Bilanzierung von latenten Steuern auf steuerliche Verlustvorträge nach IAS 12, 2017, S. 1.

[50] Vgl. Meyer, M./Loitz, R./Linder, R./Zerwas, P., Latente Steuern, 2010, S. 111; vgl. Becker, J./Loitz, R./Stein, V., Steueroptimale Verlustnutzung, 2009, S. 50.

[51] Vgl. Lüdenbach, N./Freiberg, J., Möglichkeiten und Grenzen des Werthaltigkeitsnachweises für aktive latente Steuern nach IFRS und HGB, 2011, S. 2603; vgl. Schäfer, H./Suermann, H., Ansatz aktiver latenter Steuern nach IAS 12, 2010, S. 2750.

[52] Vgl. Meyer, M., Die Erstellung von Planungsrechnungen als Voraussetzung für die Bilanzierung latenter Steuern, 2010, S. 1541; vgl. Schäfer, N./Suermann, H., Ansatz aktiver latenter Steuern nach IAS 12, 2010, S. 2750; teilweise wird sogar von einer Verpflichtung ausgegangen vgl. Höfer, F., Berichterstattung IAS 12, 2009, S. 68.

[53] Vgl. Lienau, A./Erdmann, M./Zülch, H., Bilanzierung latenter Steuern auf Verlustvorträge nach IAS 12, 2007, S. 1097.

[54] Verlustvorträge in den USA sind auf 20 Jahre begrenzt, Ausgangspunkt der Regelung ist das US-GAAP, vgl. Meyer, M., Berücksichtigung von Steuergestaltungen in der internationalen Rechnungslegung, 2013, S. 2022.

liegen Steuergestaltungsmaßnahmen nur im Kontext von zeitlich begrenzten Verlustvorträgen vor[55], so werden zeitorientierte Verlustnutzungsmaßnahmen erfasst[56]. Sie können dazu führen, dass latente Steuern genutzt werden können, deren Umkehreffekte erst außerhalb der Planungsperiode liegen.[57] Steuergestaltungmaßnahmen müssen dem Unternehmen objektiv zur Verfügung stehen.[58] Die objektive Verfügbarkeit setzt voraus, dass das bilanzierende Unternehmen ohne Abhängigkeit von Dritten in der Lage ist, die Gestaltung umzusetzen. Der theoretische subjektive Wille muss durch entsprechende Dokumentationen über die Chancen und Risiken aus der Steuergestaltung dargelegt werden.[59] Auf eine tatsächliche Umsetzung kommt es nicht an.[60] Hohe Risiken mindern die Wahrscheinlichkeit der Realisierbarkeit.[61] Anwendungsfälle der Steuergestaltungsmaßnahmen können Umstrukturierungen sein, die einen Untergang der Verlustvorträge verhindern bzw. diese im Planungszeitraum nutzbar machen.[62]

Die Werthaltigkeitsprüfung des Ansatzes aktiver latenter Steuern aus Verlustvorträgen erfolgt nach einem ähnlichen Schema, IAS 12.35 (i). Ihr Ansatz setzt ein zukünftiges zu versteuerndes Einkommen voraus, IAS 12.34. Umkehreffekte bleiben unberücksichtigt. Grundsätzlich liegen hinsichtlich der Eintrittswahrscheinlichkeit die gleichen Kriterien vor. Die Wahrscheinlichkeit ist durch das Vorhandensein von verrechenbaren passiven latenten Steuern gegeben, IAS 12.36 (a). Reichen passive latente Steuern nicht aus, so ist auf ein zukünftiges zu versteuerndes Ergebnis abzustellen, IAS 12.36 (b). Verlustvorträge implizieren eine verminderte Wahrscheinlichkeit, dass ein zukünftiges zu versteuerndes Einkommen vorliegt, IAS 12.35 (ii),

---

[55] Vgl. Meyer, M., Berücksichtigung von Steuergestaltungen in der internationalen Rechnungslegung, 2013, S. 2022.
[56] In Abgrenzung zu Maßnahmen die Subjektübergreifend vollzogen werden, vgl. Becker, J./Loitz, R./Stein, V., Steueroptimale Verlustnutzung, 2009, S. 32.
[57] Vgl. Dolson, M./Selfridge, I., Manuel of Accouting IFRS 2017 – Volume 1, 2016, 14.43.
[58] Vgl. Meyer, M., Berücksichtigung von Steuergestaltungen in der internationalen Rechnungslegung, 2013, S. 2021.
[59] Vgl. Dolson, M./Selfridge, I., Manuel of Accouting IFRS 2017 – Volume 1, 2016, 14.41.
[60] Vgl. Berger, A., Was der DPR aufgefallen ist, 2006, S. 2475; vgl. Loitz, R., Bilanzierung latenter Steueransprüche für Vorträge noch nicht genutzter steuerlicher Verluste nach IFRS, 2007, S. 777.
[61] Vgl. Lüdenbach, N./Freiberg, J., Möglichkeiten und Grenzen des Werthaltigkeitsnachweises für aktive latente Steuern nach IFRS und HGB, 2011, S. 2603-2605.
[62] Vgl. Meyer, M., Berücksichtigung von Steuergestaltungen in der internationalen Rechnungslegung, 2013, S. 2023; vgl. Loitz, R., Bilanzierung latenter Steueransprüche für Vorträge noch nicht genutzter steuerlicher Verluste nach IFRS, 2007, S. 781.

schließen diese jedoch nicht aus[63]. Weißt das Unternehmen eine Verlusthistorie auf, sind substanzielle Hinweise erforderlich die einen Ansatz rechtfertigen und im Anhang nach IAS 12.82 darzulegen. Die Verlustursachen sind zu identifizieren und eine Beurteilung des Wiederauftrittes ist vorzunehmen, IAS 36 (c). Eine Verlusthistorie erfolgt i.d.R. durch Betrachtung der zwei vorangegangenen Berichtsperioden und des aktuellen Berichtsjahres.[64] Hierbei kann auch auf IFRS-Ergebnisse zurückgegriffen werden, soweit Ergebnisabweichungen nicht wesentlich sind.[65] Berücksichtigung finden sodann Steuergestaltungmaßnahmen nach IAS 12.36 (d).

Zum Zwecke der Zwischenberichterstattung kann auf einen gewichteten durchschnittlichen jährlichen Ertragsteueraufwand zurückgegriffen werden, IAS 34.30 (c) (i). Die Zwischenberichterstattung muss jedoch dem Ziel der richtigen Darstellung der VFE-Lage Rechnung tragen, IAS 34.25 (iii) i.V.m. IAS 34.24 (i). So müssen geänderte Auffassungen zur Werthaltigkeit der aktiven latenten Steuern auch in den Zwischenberichten Berücksichtigung finden.

Es ist erkennbar, dass steuerliche Planungsrechnungen mit einem Ermessensspielraum behaftet sind. Der zugrunde gelegte Planungshorizont und die Höhe der Planungen über das zu versteuernde Einkommen, wirken sich unmittelbar auf den Ansatz eines Überhangs aktiver latenter Steuern aus. Die Erforderlichkeit der Planung von Umkehreffekten verstärkt zudem die Komplexität der Planungsrechnungen und reduziert damit die Wahrscheinlichkeit des Eintrittes. Eine Reduzierung der Eintrittswahrscheinlichkeit muss im Rahmen von Schätzungsunsicherheiten akzeptiert werden. Sofern Schätzungen die erforderliche Sachlichkeit aufweisen, sind diese, wie oben dargestellt, als objektiv zu betrachten. Mischen sich in den Prozess der Schätzung jedoch Gestaltungen ein, so besteht das Risiko der unzureichenden Darstellung der VFE-Lage.

---

[63] Vgl. Lüdenbach, N./Freiberg, J., Möglichkeiten und Grenzen des Werthaltigkeitsnachweises für aktive latente Steuern nach IFRS und HGB, 2011, S. 2604; in Abhängigkeit vom Geschäftsmodell und dem Marktumfeld kann es sachgerecht sein, kürzere oder längere Zeiträume zu wählen, vgl. Loitz, R., Bilanzierung latenter Steueransprüche für Vorträge noch nicht genutzter steuerlicher Verluste nach IFRS, 2007, S. 780.
[64] Vgl. Höfer, F., Berichterstattung IAS 12, 2009, S. 63.
[65] Vgl. Becker, J./Loitz, R./Stein, V., Steueroptimale Verlustnutzung, 2009, S. 56; vgl. Loitz, R., Bilanzierung latenter Steueransprüche für Vorträge noch nicht genutzter steuerlicher Verluste nach IFRS, 2007, S. 781.

2.3 Ermittlungswege steuerlicher Planungsrechnungen

Für die Frage, ob dem Ansatz von aktiven latenten Steuern eine Objektivität zugerechnet werden kann, ist es erforderlich zu betrachten, wie steuerliche Planungsrechnungen aufgestellt werden. Im Mittelpunkt steht die Fragen, wie Informationen beschafft und verarbeitet werden können. Die Werthaltigkeitsprüfung anhand steuerlicher Planungsrechnungen ist ein wiederkehrender Prozess und von Unternehmen auch für die Zwecke der Quartalsberichterstattungen vorzunehmen[66].

Bei einem direkten Ermittlungsverfahren findet die Aufstellung der Planungsrechnung entsprechend den für die Planzahlen gültigen steuerlichen Normen statt. Die Planung ermittelt unmittelbar das zu versteuernde Einkommen und die Umkehreffekte aus latenten Steuern. Es ergibt sich die Notwendigkeit zu entsprechenden Schnittstellen zwischen Rechnungswesen und Steuerabteilung.[67] Grundsätzlich ist eine eigenständige Steuerplanung zur Reduzierung von Steueraufwendungen betriebswirtschaftlich zweckdienlich.[68] Sie hat im Rahmen des Tax Management und dem Tax Compliance eine wichtige Bedeutung.[69] Eine Planung rein auf Basis des zukünftigen zu versteuernden Einkommens ist für einen Konzern nicht zweckdienlich. Es besteht ein Zielkonflikt zwischen der Steuerbilanzierung und der IFRS-Bilanzierung. Zielsetzung bei Aufstellung der Steuerbilanz ist ein möglichst geringerer Steuerbilanzgewinn. Der Aufsteller eines IFRS-Konzernabschlusses wird regelmäßig das Ziel verfolgen, einen möglichst hohen (Gesamt-) Gewinn auszuweisen. Eine steuerliche Planung allein genügt zudem nicht. Kapitalmarktorientierte Konzerne müssen zur Erfüllung der AdHoc-Publizität nach § 15 Abs. 1 Satz 1 WpHG i.V.m. § 13 Abs. 1 Satz 1 und 2 WpHG zumindest kurzfristige Ergebnisplanungen nach IFRS vornehmen.[70] Insoweit ist das direkte Verfahren als alleiniges Steuerungsinstrument ungeeignet.

---

[66] Vgl. Loitz, R./ Puth, P., Die Ermittlung der tatsächlichen und latenten Steuern nach IFRS im Quartalsabschluss, 2008, S. 1657.
[67] Vgl. Meyer, M./Loitz, R./Linder, R./Zerwas, P., Latente Steuern, 2010, S. 39.
[68] Vgl. Höhn, N./Höring, J., Das Steuerrecht international agierender Unternehmen, 2010, S. 146.
[69] Vgl. Endres, D., Ausmaß internationaler Steuerplanung – aggressiv oder moderat?, 2017, S. 62; vgl. Feller, A./Huber, S./Schanz, D., Aufbau und Arbeitsweise der Steuerabteilungen großer deutscher Kapitalgesellschaften (Teil II), 2017, S. 1674.
[70] Vgl. Ruhnke, K./Simons, D., Rechnungslegung nach IFRS und HGB, 2012, S. 62-65.

Klassischerweise erfolgt die Planung von Konzernen nicht auf Ebene einzelner Steuersubjekte und nicht für das zu versteuernde Einkommen. Es wird daher beim indirekten Verfahren regelmäßig erforderlich sein, vorhandene Planungsrechnungen auf eine steuerliche Planungsrechnung überzuleiten. Sie kann auf Basis des externen oder internen Rechnungswesens erfolgen. Erfolgt die Planung auf Basis des internen Rechnungswesens, so ist die Erstellung von Planungsrechnung üblicherweise im Aufgabenbereich des Controllings angesiedelt.[71] Zahlungsgrößen sind Kosten und Leistungen, deren Saldo das Betriebsergebnis ergibt.[72] Kosten sind der „betriebszweckbezogene Werteverzehr einer Periode"[73]. Der Horizont der Kosten- und Leistungsrechnung umfasst üblicherweise ein Jahr.[74] Die Planungsrechnung als Instrument des internen Rechnungswesens ist langfristiger Natur.[75] Das Betrachtungsobjekt sind hierbei Business Units oder einzelne Kostenträger.[76] Die Planungen, auch Budgetierung genannt[77], können hier beispielsweise mit Profit Centern oder Cost Centern erfolgen.[78] Wenn auch in Deutschland nach angloamerikanischen Vorbild ein Zusammenwachsen von interner und externer Rechnungslegung in eine integrierte Rechnungslegung stattfindet[79], so ergibt sich auch weiterhin regelmäßig der Bedarf der Überleitung auf eine steuerliche Ergebnisplanung.

---

[71] Vgl. Loitz, R./Puth, P., Die Ermittlung der tatsächlichen und latenten Steuern nach IFRS im Quartalsabschluss, 2008, S. 1658; vgl. Weißenberger, B., IFRS für Controller, 2011, S. 37; vgl. Wöhe, G./Döring, U./Brösel, G., Einführung in die Allgemeine Betriebswirtschaftslehre, 2016, S. 841; vgl. Krimpmann, A., Latente Steuern in der Praxis, 2011, S. 80.

[72] Vgl. Flacke, K./Kraft, M./Triska, T., Grundlagen des betriebswirtschaftlichen Rechnungswesens, 2015, S. 24.

[73] Vgl. Flacke, K./Kraft, M./Triska, T., Grundlagen des betriebswirtschaftlichen Rechnungswesens, 2015, S. 24.

[74] Vgl. Wöhe, G./Döring, U./Brösel, G., a.a.O., S. 631.

[75] Vgl. Wöhe, G./Döring, U./Brösel, G., a.a.O., S. 843.

[76] Vgl. Meyer, M., Die Erstellung von Planungsrechnungen als Voraussetzung für die Bilanzierung latenter Steuern, 2010, S. 1542; vgl. Friedl, G./Hofmann, C./Pedell, B., Kostenrechnung, 2010, S. 10

[77] Vgl. Friedl, G./Hofmann, C./Pedell, B., Kostenrechnung, 2010, S. 528; vgl. Ewert, R./Wagenhofer A., Interne Unternehmensrechnung, 2014, S. 400.

[78] Vgl. Meyer, M., Die Erstellung von Planungsrechnungen als Voraussetzung für die Bilanzierung latenter Steuern, 2010, S. 1542.

[79] Dem angloamerikanischen Raum ist eine Trennung in das interne und externe Rechnungswesen in der Deutschen Ausprägung fremd, vgl. Becker, W./Ulrich, P., Internationales Controlling, in Internationales Management und die Grundlagen des globalisierten Kapitalismus, 2016, S. 171; vgl. Weißenberger, B., IFRS für Controller, 2011, S. 205; vgl. Franz, K./Winkler, C, Unternehmenssteuerung und IFRS, 2006, S. 55 f.

Das interne ist im Gegensatz zum externen Rechnungswesen frei von Aufstellungsvorgaben. Der Überleitungsaufwand ist entsprechend hoch.

Das externe Rechnungswesen betrachtet die buchführungspflichtigen Legaleinheiten und im Rahmen der Segmentberichterstattung einzelne Segmente. Betrachtungsgrößen sind Aufwand und Ertrag, als „bewerteter Verzehr von Gütern und Dienstleistungen einer Periode" [80] bzw. die „bewertete Entstehung von Gütern und Dienstleistungen einer Periode" [81]. Im HGB ist nach § 252 Abs. 1 Satz 4 HGB das Vorsichtsprinzip verankert. Im IFRS gilt das Prinzip des True and Fair View, IAS 1.15 (i). Im Hinblick auf die Konzernsteuerung erfolgt tendenziell ein Rückgriff auf die IFRS-Bilanzierung.[82] Der Überleitungsaufwand erhöht sich mit Abnahme der Maßgeblichkeit zur Steuerbilanzierung. Der Aufwand würde sich jedoch auf die Überleitung anhand konkreter Rechnungslegungsnormen beschränken.

Unabhängig welchen Weg die Planung nimmt, um als steuerliche Planung genutzt werden zu können, dürfen die monetären Größen der Planung nicht in einem Widerspruch mit Planungen im Rahmen des IAS 36 stehen. Viel mehr sind Planungen nach IAS 36 und IAS 12 auf Grundlage der gleichen Annahmen zu treffen.[83]

Wenn Eingangs die Frage nach der Beschaffung und Verarbeitung von Informationen gestellt wurde, so bleibt festzuhalten, dass ein systematisches Informationsmanagement zwischen Konzernrechnungswesen, Steuerabteilung und Controlling erforderlich ist.[84] Insoweit ist nachvollziehbar, dass die starren Grenzen zwischen einzelnen Funktionsbereichen des Unternehmens immer weiter aufweichen.[85] Durch die funktionsübergreifende Zusammenarbeit besteht jedoch die Gefahr, dass Informationen falsch oder unvollständig übermittelt werden.

Aktive latente Steuern stellen einen abstrakten Bilanzposten dar, welcher durch Vorgänge auf verschiedenen Ebenen im Rahmen der Konzernabschlusserstellung

---

[80] Vgl. Flacke, K./Kraft, M./Triska, T., Grundlagen des betriebswirtschaftlichen Rechnungswesens, 2015, S. 21.
[81] Vgl. Flacke, K./Kraft, M./Triska, T., Grundlagen des betriebswirtschaftlichen Rechnungswesens, 2015, S. 21.
[82] Vgl. Lorson, P./Schedler, J., Unternehmenswertorientierung von Unternehmensrechnung, 2002, S. 260 f.
[83] Vgl. Schäfer, H./Suermann, H., Ansatz aktiver latenter Steuern nach IAS 12, 2010, S. 2750.
[84] Vgl. Kirsch, H., Die Steuerabteilung als Informationslieferant für den IFRS-Abschluss, 2005, S. 1418; vgl. Kröner, M., Perspektivwechsel IAS 12, 2006, S. 286; vgl. vgl. Loitz, R./Rössel, C., Die Diskontierung von latenten Steuern, 2002, S. 651; vgl. Loitz, R., Bilanzierung latenter Steueransprüche für Vorträge noch nicht genutzter steuerlicher Verluste nach IFRS, 2007, S. 779.
[85] Vgl. Weißenberger, B., IFRS für Controller, 2011, S. 43.

beeinfluss wird. Im Rahmen der Werthaltigkeitsbetrachtung wird dem Ersteller im höchsten Maße ein Ermessenspielraum eröffnet. Durch die üblicherweise indirekte Ermittlung ergibt sich eine interdisziplinäre Komplexität. So erweist sich die Bilanzierung aktiver latenter Steuern als anspruchsvoll und fehleranfällig. Diese Unsicherheit des Adressaten gilt es im Folgenden zu untersuchen und Lösungsansätze zur Beseitigung der Unsicherheit und zur Schaffung einer Objektivität zu erarbeiten.

3 Begründung der Objektivitätsproblematik auf Grundlage einer empirischen Untersuchung der aktiven latenten Steuern in IFRS-Konzernabschlüssen

3.1 Überblick über bisherige positiv-empirische Untersuchungen

Das Ziel der Forschung ist bestehende Theorien aufzuheben und zu revidieren.[86] Aus diesem Grund ist ein Überblick über die bisherigen Untersuchungen zur Forschungsfrage unerlässlich. Zahlreiche empirische Analysen zur Relevanz latenter Steuern in Konzernabschlüssen sind vorhanden.[87] Die Auswahl der vorhandenen Untersuchungen erfolgte dabei unter der Prämisse vergleichbarer Stichproben und Forschungsschwerpunkte.[88]

Analysen mit einem Stichprobenumfang deutscher Aktienindizes befassten sich mit dem Versuch, einen Nachweis zu erbringen, dass latente Steuern als ein bilanzpolitisches Instrument eingesetzt werden. Die Erkenntnisse überschneiden sich regelmäßig. So stellen sowohl ZWIRNER / BUSCH / REITER und BAETGE / LIENAU fest, dass aktive latente Steuern auf Verlustvorträge eine wesentliches Instrument der Bilanzpolitik darstellen.[89] Wobei die Höhe der aktiven latenten Steuern auf Verlustvorträgen mit steigender Unternehmensgröße abnimmt.[90] MÜLLER / LADEWICH / PANZER stellen in ihrer empirischen Untersuchung außerdem fest, dass sich aus der Komplexität der Regelung ein Ermessensspielraum ergibt.[91] Grundsätzlich konnte von MÜLLER / LADEWICH / PANZER nachgewiesen werden, dass Bilanzpolitik betrieben wird. So weisen Unternehmen mit einem Gewinn nahe dem Ertrags-Nullpunkt

---

[86] Vgl. Schmidt, M., Research Methods in Accounting, 2017, S. 2.
[87] Vgl. insbesondere Überblick in Meyer, H., IAS 12, 2013, S. 158-160 u. S. 163-166.
[88] Sie stellen damit die „Key motivating literatures" dar, vgl. Schmidt, M., Research Methods in Accounting, 2017, S. 21.
[89] Vgl. Zwirner, C./Busch, J./Reuter, M., Abbildung und Bedeutung von Verlusten im Jahresabschluss, 2003, S. 1046; vgl. Meyer, H., IAS 12, 2013, S. 235; vgl. Baetge, J./Lienau, A., Praxis der Bilanzierung latenter Steuern im Konzernabschluss nach IFRS im DAX und MDAX, 2007, S. 18.
[90] Vgl. Zwirner, C./Busch, J./Reuter, M., Abbildung und Bedeutung von Verlusten im Jahresabschluss, 2003, S. 1046; vgl. Meyer, H., IAS 12, 2013, S. 236; vgl. Baetge, J./Lienau, A., Praxis der Bilanzierung latenter Steuern im Konzernabschluss nach IFRS im DAX und MDAX, 2007, S. 20.
[91] Vgl. Müller, S./Ladewich, S./Panzer, L., Abschlusspolitisches Potenzial, 2014, S. 199.

überdurchschnittlich oft ein positives Ergebnis aus.[92] Hinsichtlich der Gestaltungen wird in den Untersuchungen die Nachvollziehbarkeit des bilanzpolitischen Potenzials durch ZWIRNER / BUSCH / REUTER, MEYER und auch von MÜLLER / LADEWICH / PANZER bemängelt.[93] So konnte im Ergebnis bislang nicht nachgewiesen werden, dass latente Steuern ursächlich für diese bilanzpolitischen Gestaltungen sind.[94]

Die dargestellten Forschungen untersuchen Verhältnisse und Zeitreihenanalysen auf Jahresebene. In der nachfolgenden Untersuchung wird abweichend eine quartalsweise Betrachtung vorgenommen, mit dem Ziel eine genauere Analyse von Gestaltungsmaßnahmen durchführen zu können.

Dazu werden Hypothesen aufgestellt, bei deren Beobachtung vor dem Hintergrund der Forschungsfrage im Rahmen der empirischen Untersuchung eine fehlende Objektivität begründet werden kann. In diesem Fall würden steuerliche Planungen, die als Grundlage für die Werthaltigkeit von aktiven latenten Steuern dienen, nachhaltig nicht mit der Entwicklung des Unternehmens übereinstimmen und der Umfang der Nutzbarkeit nicht in dem Maße gegeben sein, wie sie aktiviert wurden.

3.2 Hypothesenbildung

3.2.1 Hypothese 1: Entwicklungsabweichung der quartalweisen Abschlussinformationen

Abschlussadressaten erwarten hinsichtlich der Stetigkeit[95], Vollständigkeit und Richtigkeit der Abschlussinformationen eine gleichbleibende Qualität unabhängig vom Zeitpunkt der Berichterstattung. Nach IAS 34.8 (i) sind verkürzte Abschlussinformationen für Zwischenberichte zulässig, diese müssen jedoch dem Maßstab des IAS 1 entsprechen, IAS 34.9. Die Aussagekraft einzelner Bestands- und Erfolgsposten muss, wie in Kapitel 2.2 dargestellt, unabhängig davon sei, ob ein Quartalsbericht, Halbjahresabschluss oder Jahresabschluss vorliegt.

---

[92] Vgl. Müller, S./Ladewich, S./Panzer, L., Abschlusspolitisches Potenzial, 2014, S. 203.
[93] Vgl. Zwirner, C./Busch, J./Reuter, M., Abbildung und Bedeutung von Verlusten im Jahresabschluss, 2003, S. 1048; vgl. Meyer, H., IAS 12, 2013, S. 145; vgl. Baetge, J./Lienau, A., Praxis der Bilanzierung latenter Steuern im Konzernabschluss nach IFRS im DAX und MDAX, 2007, S. 20; vgl. Müller, S./Ladewich, S./Panzer, L., Abschlusspolitisches Potenzial, 2014, S. 203.
[94] Vgl. Müller, S./Ladewich, S./Panzer, L., Abschlusspolitisches Potenzial, S. 204.
[95] Vgl. Dolson. M./Selfridge, I., Manuel of accounting IFRS supplement 2018, 2017, 35.12 f.

Die erste Hypothese befasst sich mit der Entwicklung der Posten der latenten Steuern im Zeitvergleich und insbesondere in der Entwicklung der Posten in den Perioden von Quartal[96] 1 bis 3 im Vergleich zum Quartal 4. Denkbar ist, dass Unternehmen nach IAS 34.30 (c) im Q4 eine genauere Ermittlung der latenten Steuern vornehmen, es in den Vorperioden nur zu einer Fortschreibung kommt oder die Werthaltigkeit erst in Q4 neu bewertet wird. Liegt eine Entwicklungsabweichung vor, so kann latenten Steuern in den Zwischenberichten Q1 bis Q3 keine Objektivität zugeordnet werden, ihre Aussagekraft ginge verloren. Liegt eine feststellbare Entwicklungsabweichung vor, so kann es sich hierbei jedoch auch um eine erfolgswirksame Gestaltungsmaßnahme handeln. In diesem Fall wäre Q4 keine Objektivität zuzuordnen. Wie oben bereits dargestellt, befasst sich die bisherige Forschung mit Entwicklung auf der Jahresebene, einer Forschung auf dem Gebiet der Quartale fehlt bislang. Die Hypothese hat einen normativen Charakter. Im Rahmen der Kalkulation der Erwartungswerte wird dargestellt, wie im Hinblick auf die Zwecke der Rechnungslegung bilanziert werden soll.[97] Eine Korrelationsanalyse im Rahmen der Hypothese ist erforderlich, wenn Korrelationen zwischen Variablen festgestellt werden, die in plausibler Art und Weise die Höhe der latenten Steuern in einem Quartal beeinflussen können. Beispielsweise können Investitionen in Q4 dazu führen, dass latente Steuern aufgrund von temporären Differenzen entstehen. Ohne die Bildung von Erwartungswerten würde im Rahmen einer reinen Zeitreihenanalyse möglicherweise eine signifikante Abweichung festgestellt werden, diese jedoch fälschlicherweise als Gestaltungsinstrument interpretiert werden. Daher müssen die unternehmensspezifischen Rahmenbedingungen in die Beantwortung der Hypothese mit einbezogen werden.

Die erste Hypothese lautet: Wenn im Rahmen eines quartalsweisen Zeitvergleichs der Perioden Q1 – Q3 gegenüber Q4 eine signifikante Abweichung festgestellt wird, dann ist diese in der Entwicklung der übrigen Bilanzposten begründet.

Die Hypothese befasst sich mit der Entwicklung des Bestandspostens. Neben dem Bilanzposten der aktiven und passiven latenten Steuern sind gegenwärtige Ergebnisbestandteile zur Beantwortung der Forschungsfrage mit einzubeziehen. Die Frage nach der Gewinnauswirkung ist nicht Bestandteil der Hypothese. Diese Frage wird in der zweiten Hypothese aufgegriffen.

---

[96] Nachfolgend mit Q abgekürzt.
[97] Vgl. Wagenhofer, A., Bilanzierung und Bilanzanalyse, 2015, S. 49.

3.2.2 Hypothese 2: Nutzung aktiver latenter Steuern als Gewinngestaltungsinstrument

Die zweite Hypothese befasst sich mit der ertragswirtschaftlichen Gewinngestaltung durch aktive latente Steuern. Die Aktivierung von latenten Steuern führt zu einer Erhöhung des Konzerngewinns nach Steuern. Werden aktive latente Steuern zur Gestaltung des Gewinns nach Steuern genutzt, ohne dass eine Grundlage in der wirtschaftlich erwarteten Entwicklung des Unternehmens vorliegt, so liegt keine objektive Wirkung der aktiven latenten Steuern vor.

Die zweite Hypothese lautet: Wenn eine Ausweitung aktiver latenter Steuern beim Vorliegen eines Anlasses und einer Steuerungsmöglichkeit festgestellt wurde, liegt eine Werthaltigkeitsindikation vor.

Die erwartete Entwicklung ist aus den steuerlichen Berichtsinformationen zu entnehmen. Dazu wird eine Ableitung aus dem Aufwand aus tatsächlichen Steuern und der Veränderung der Verlustvorträge vorgenommen. Im Rahmen der Hypothese müssen verschiedenen Faktoren einbezogen werden, um ihr eine Aussagekraft beizumessen. Es reicht nicht aus, lediglich die Gewinnauswirkung zu analysieren, es muss in vielfältiger Art der Ansatz im Verhältnis zu den vorliegenden Steuerungsmöglichkeiten beachtet werden. So kann bspw. eine Aktivierung dadurch begrenzt sein, dass die Aktivierungsquote bereits ausgeschöpft ist. Im zweiten Schritt sind anlassbezogenen Aspekte zu berücksichtigen. Anlassbezogene Instrumente können in der Unternehmensentwicklung gefunden werden. Die Ertragssituation im Allgemeinen und im Zeitvergleich ist zu berücksichtigen. Auch diese Hypothese baut auf den Erkenntnissen der Quartals-, Halbjahres- und Jahresabschlussinformationen auf. Hierdurch ist es möglich, ertragswirtschaftliche Entwicklungsabweichungen aus dem Vergleich eines Trendwertes dezidierter zu analysieren.

Es wird eine ertragswirtschaftliche und eine finanzwirtschaftliche Hypothese zur Beantwortung der Forschungsfrage aufgestellt. Nachfolgend werden die für die Untersuchung genutzten Stichproben und die Methodik der Datenerhebung dargestellt. Daran schließt die Darstellung des Forschungsdesigns an.

3.3 Stichprobe und Datenerhebung

Die Datenerhebung stellt einen deskriptiven Ansatz dar.[98] Im Rahmen der Stichprobe werden kapitalmarktorientierte Konzerne analysiert. In die Auswahl werden die Mitglieder des DAX30 und SDAX per 27.11.2017 einbezogen[99]. Die IFRS kennen keine größenabhängige Erleichterung in Bezug auf die Bilanzierung. Die Indizes unterscheiden sich nach der Marktkapitalisierung und Umsatz der Aktien.[100] Diese hat für sich genommen keine Auswirkung auf die Bilanzierung latenter Steuern. Aus den Indizes werden jeweils 25 Unternehmen alphabetisch selektiert. Die Grundgesamtheit umfasst 50 Unternehmen.[101] Unternehmen aus dem Bereich dem Bereich der Versicherungs- und Finanzdienstleistung sowie Beteiligungs- bzw. Investmentgesellschaften werden aufgrund der besonderen Bilanzverhältnisse ausgeschlossen. Die Stichprobe konnte eine Branchenstreuung erzielt werden.

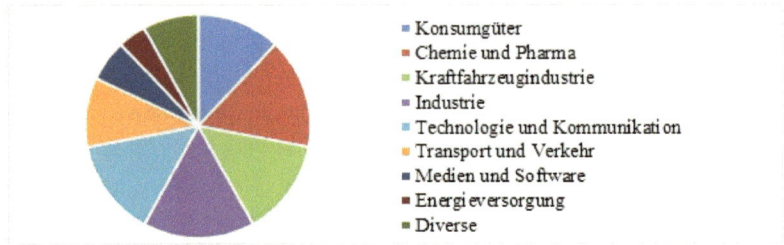

Abbildung 1 Branchenverteilung der Stichprobe[102]

Die Datenerhebung erfolgt für die jeweils letzten vier Jahresabschlussperioden auf Quartalsebene. Die Stichprobe umfasst insgesamt 800 Abschlüsse. Nach § 315e HGB kann davon ausgegangen werden, dass diese Konzerne IFRS anwenden.[103] Die Anzahl der Stichprobe stellt einen für die deutsche Bilanzierungspraxis repräsentativen Umfang dar. Der Umfang der Abschlüsse erlaubt im Rahmen der Zeitreihenanalyse eine fundierte Aussage im Hinblick auf die Beantwortung der

---

[98] Vgl. Schmidt, M., Research Methods in Accounting, 2017, S. 2 u. 7.
[99] Es erfolgt eine Stichtagsbetrachtung zum angegeben Zeitpunkt, Veränderung des Indizes vor und nach diesem Stichtag bleiben unberücksichtigt.
[100] Vgl. Deutsche Börse, Leitfaden zu den Aktienindizes der Deutsche Börse AG, 2017, S. 22.
[101] Siehe Anhang für eine vollständige Aufstellung.
[102] Quelle: Eigene Darstellung.
[103] Vgl. Wollmert, P., WP-Handbuch, 2017, Kapitel K Tz. 1.

Forschungsfrage. Durch die Auswahl von DAX30 und SDAX kann eine repräsentative Größenverteilung sichergestellt werden.

Quelle der Berichtsinformationen waren die Investor-Relation-Websites der Unternehmen. Aus den Berichten wurden folgende Informationen erhoben:

Bilanzposten	Posten der Erfolgsrechnung	Anhangangaben
Aktive latente Steuern	Gewinn vor Steuern	Aufwand aus tatsächlichen Steuern
Passive latente Steuern	Steueraufwand	Aufwand aus latenten Steuern
Langfristige Vermögenswerte		Konzernsteuersatz aus der steuerlichen Überleitungsrechnung
Eigenkapital		Latente Steuern auf temporäre Differenzen vor Saldierung
Langfristige Schulden		Latente Steuern auf Verlustvorträge vor Saldierung
Kurzfristige Schulden		Höhe der nicht angesetzten latenten Steuern
Kurzfristige Ertragsteuer-verpflichtungen		

Tabelle 1 Erhobene Berichtinformationen[104]

Nach der Darstellung der Hypothese und der Datenerhebung wird im Folgenden das Design der Forschung dargestellt.

3.4 Forschungsdesign

Das Forschungsdesign muss, im Ergebnis ausgehend von der Stichprobe, einen universellen Rückschluss der Theorie ermöglichen.[105] Im Folgenden wird das grundsätzliche Forschungsdesign erläutert. Das Vorgehen der Prüfung wird in der Ergebnisdarstellung beschrieben, da die einzelnen Analyseschritte unmittelbare Auswirkungen auf die Ergebnisdarstellung haben.

Es wurden verhältnisskalierte Daten verwendet, um eine größenunabhängige Analyse der Betrachtungsobjekte vornehmen zu können. Da der Erfassungszeitraum auf quartalsebene 16 Perioden umfasst und 50 Unternehmen betrachtet wurden, konnten diese verhältnisskalierten Daten im Rahmen einer Zeitreihenanalyse und

---

[104] Quelle: Eigene Darstellung.
[105] Vgl. Schmidt, M., Research Methods in Accounting, 2017, S. 73.

Querschnittsdaten zu Panel-Daten verarbeitet werden. Die Analysen der beiden Hypothesen bedienen sich dem geometrischen und arithmetischen Mittel, der linearen Trendermittlung unter Verwendung der Methode der kleinsten Quadrate, der Ermittlung der Quartile und der Korrelationsanalyse durch Ermittlung des Korrelationskoeffizienten. Hierzu wurden ausschließlich quantitative Daten erfasst. Eine Signifikanz wird, entsprechend der vorherrschenden Praxis[106], in der nachfolgenden Hypothesenprüfung mit 5 % angenommen. Korrelationen von 0,0 bis +/-0,3 gelten als gering. Korrelationen von +/- 0,3 bis +/- 0,5 gelten als mittelmäßig und größer +/- 0,5 als hoch.

Es wurde, wie oben ausgeführt, keine Trennung der Indizes vorgenommen. Einschränkungen ergeben sich daraus, dass die Anhang-Angaben vielfach hinsichtlich der Unterscheidung zwischen Nicht-Ansatz und Wertberichtigung unzureichend sind[107] und die Größen teilweise vor oder nach Bewertung mit dem Steuersatz angegeben werden. Daher wurde in der Erhebung, hier bezogen auf den Bilanzposten, periodenübergreifend nicht zwischen Nichtansatz und Wertberichtigung unterschieden. Für die Berechnung des Nichtansatzes bzw. der Wertberichtigung latenter Steuern in Fällen des unbewerteten Ausweises eine Bewertung mit dem Konzernsteuersatz lt. Steuerlicher Überleitungsrechnung vorgenommen. Die Aktivierungsquote ergibt sich aus der Division der bilanzierten latenten Steuern mit dem Gesamtbetrag der bilanzierten und nicht bilanzierten latenten Steuern, jeweils nach Bewertung mit dem Steuersatz. Temporäre Differenzen wurden mit dem Konzernsteuersatz bewertet. Nicht genutzte KSt-Verlustvorträge mit 15 % zzgl. 5 % SolZ ermittelt. GewSt-Verlustvorträge wurden mit dem Steuersatz multipliziert, der sich aus der Differenz des Konzernsteuersatzes und der KSt und SolZ ergibt. Ausländische Verlustvorträge wurden mit dem Konzernsteuersatz multipliziert. Diese Ermittlung stellt einen Näherungswert dar, da die einschlägigen Gewerbesteuersätze und ausländischen Steuersätze unbekannt sind. Durch die Konsistenz der Ermittlung kann im Rahmen der Zeitreihenanalyse eine interpretierbare Aktivierungsquote ermittelt werden. Eine weitere Einschränkung ergibt sich daraus, dass in Quartals- und Halbjahresabschlüssen die Steueraufwendungen nicht in tatsächliche und latente Steuern aufgeschlüsselt wurden. Dies wurde an entsprechender Stelle berücksichtigt und wird an einschlägiger Stelle im Folgenden angegeben.

---

[106] Vgl. Schmidt, M., Research Methods in Accounting, 4 2017, S. 83.
[107] Vgl. Kapitel 3.51.2 für eine Erläuterung zur Unterscheidung von Nichtansatz und Wertberichtigung.

3.5 Hypothesenprüfung und Beantwortung der Forschungsfrage

3.5.1 Hypothesenprüfung

3.5.1.1 Prüfung der finanzwirtschaftlichen Hypothese

Es wurde eine finanz- und eine ertragswirtschaftliche Hypothese aufgestellt[108]. Die finanzwirtschaftliche Hypothese untersucht die Entwicklung der aktiven latenten Steuern mit Bezug zu Ergebniseffekten im Zeitvergleich. Die Darstellung der Ergebnisse im Gliederungspunkt 3.5.1 erfolgt im ersten Schritt ohne Wertung. Im Rahmen der sich jeweils anschließenden Interpretation werden die Ergebnisse in Bezug auf die Forschungsfrage im Gliederungspunkt 3.5.2 bewertet.

Latente Steuern haben eine Auswirkung auf den Gewinn nach Steuern. Im Durchschnitt betrug die Auswirkung der latenten Steuern auf den Gewinn nach Steuern in den Jahren 2013 bis 2016, bezogen auf die 50 Stichproben, 3,14 %[109].

Die Entwicklung der aktiven latenten Steuern hat unter Vernachlässigung des IAS 12.61A (i) eine erfolgswirksame Wirkung. Die Entwicklung der aktiven latenten Steuern verläuft dabei im Quartal 4 deutlich positiver als in den übrigen Perioden.

	2013	2014	2015	2016
durchsch. Entwicklung der Vorperioden	-5,31%	3,26%	2,15%	2,12%
Entwicklung Q4	-3,36%	19,19%	6,47%	8,60%

Tabelle 2 Entwicklung DTA im Periodenvergleich[110]

Die Bandbreite der Entwicklungen ist zudem, wie in der nachfolgenden Tabelle erkennbar, im vierten Quartal in drei von vier Berichtsjahren am größten. Die Bandbreite wurde aus der Differenz zwischen dem größtem und dem kleinsten Wert gewonnen.

---

[108] In Anlehnung an Wöhe, G./Döring, U./Gerrit, B., Einführung in die Allgemeine Betriebswirtschaftslehre, 26. Auflage, München 2016, S. 824.
[109] Es wurden jeweils die zwei größten und kleinsten Werte eliminiert.
[110] Quelle: Eigene Darstellung.

Ende der Quartalsberichtsperiode	Bandbreite	Ende der Quartalsberichtsperiode	Bandbreite
31.12.14	438%	31.03.16	114%
31.12.15	434%	31.12.13	111%
31.12.16	306%	30.06.13	95%
31.03.14	151%	30.09.14	85%
31.03.15	147%	30.09.15	83%
30.06.16	138%	30.06.15	81%
30.09.13	121%	30.06.14	63%

Tabelle 3 Geordnete Bandbreiten der DTA-Entwicklungen[111]

Um zu untersuchen, ob eine die Brandbreite durch Ausreißer beeinflusst wird, wurden für die durchschnittliche Entwicklung Q1 – Q3 und die Entwicklung Q4 der jeweiligen Berichtsjahre der Median und sowohl der Durchschnitt der größten 25 % und der kleinsten 25 % der Entwicklungen der latenten Steuern gebildet. Schließlich wurde die Differenz zwischen dem Median und den beiden Durchschnittswerten ermittelt. Es ist in der nachfolgenden Tabelle erkennbar, dass der Abstand im vierten Quartal in allen Berichtsperioden über der Entwicklung der übrigen Perioden liegt, Ausreißer daher nicht ausschließlich für die Entwicklung verantwortlich sind.

---

[111] Quelle: Eigene Darstellung.

Begründung der Objektivitätsproblematik auf Grundlage einer empirischen Untersuchung der aktiven latenten Steuern in IFRS-Konzernabschlüssen

	Entwicklung Q1 - Q3 2013	Entwicklung Q4 2013	Entwicklung Q1 - Q3 2014	Entwicklung Q4 2014	Entwicklung Q1 - Q3 2014	Entwicklung Q4 2014	Entwicklung Q1 - Q3 2014	Entwicklung Q4 2014
Die unteren 25 % der Unternehmen weisen eine durchschnittliche DTA-Entwicklung auf von	-5,42%	-10,43%	-0,89%	-10,10%	-0,34%	-11,65%	0,00%	-16,14%
Abstand des Median zu Quartil 1	*2,49%*	*10,32%*	*4,01%*	*16,34%*	*1,45%*	*10,74%*	*2,99%*	*14,27%*
Der Median beträgt	-2,93%	-0,10%	3,13%	6,24%	1,11%	-0,91%	2,99%	-1,87%
Abstand des Median zu Quartil 3	*2,93%*	*12,54%*	*3,18%*	*11,46%*	*2,62%*	*12,02%*	*2,56%*	*10,60%*
Die unteren 75 % der Unternehmen weisen eine durchschnittliche DTA-Entwicklung auf von	0,00%	12,43%	6,30%	17,70%	3,73%	11,11%	5,56%	8,73%

Tabelle 4 Bandbreitenermittlung zwischen dem Median und der Quartile der Periodenentwicklung im Zeitvergleich[112]

Es gilt zu prüfen, worin die Ursache dieser Abweichung in Q4 begründet ist. Zu wurden die Quartalsentwicklung der Berichtsjahre 2013 bis 2016 unabhängig von ihrer Jahreszahl analysiert, da sie für sich genommen keine Abweichung begründen. Für Q1/2013 liegen keine Daten vor, da die Eröffnungsbilanzwerte im Rahmen der Erhebung nicht erfasst wurden. Die Betrachtung wurde daher für Entwicklung der Endwerte zu Q2, Q3, und Q4 vorgenommen. Die Stichprobe umfasst 588 Unternehmensberichte[113]. Auf der X-Achse wird für jedes Unternehmen ein Abschnitt abgegrenzt. Daher sind hier 196 Abschnitte vorhanden. Die Entwicklungen sind der Größe nach auf der X-Achse geordnet. Auf der Y-Achse wird die Entwicklung der aktiven latenten Steuern dargestellt. Es ist deutlich erkennbar, dass in Q4 die positiven Ausschläge deutlich größer sind, als in anderen Perioden. Zudem weisen erkennbar mehr Unternehmen eine positivere Entwicklung auf.

---

[112] Quelle: Eigene Darstellung.

[113] 558 Berichte ergeben sich aus 49 Unternehmen (Volkswagen weist in den Quartalsabschlüssen keine DTA / DTL aus) und drei Perioden (Ende Q1 zu Ende Q2, Ende Q2 zu Ende Q3 und Ende Q3 zu Ende Q4) über den Zeitraum von vier Jahren (2013 bis 2016).

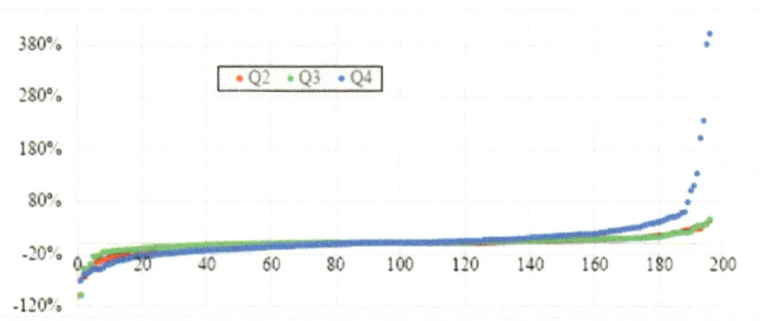

Abbildung 2 Verteilung der DTA-Entwicklung bezogen auf die Quartalsperioden[114]

Das obere und das untere Quartil werden im Folgenden um die größten vier und die kleinsten vier Entwicklungen verringert, um die Effekte durch Ausreißer zu reduzieren. Um den Effekt darzustellen, wird im ersten Schritt die Entwicklung vor Eliminierung der Ausreißer dargestellt. Der Abstand zwischen dem Durchschnitt der oberen und unteren 25 % der Stichprobe zum geometrischen Mittel ist im vierten Quartal signifikant höher als in den Perioden Q2 und Q3.

	Q2	Q3	Q4
unter 25 % der Stichprobe	-21,52%	-13,87%	-26,77%
Abstand	19,00%	13,94%	34,49%
Median	-2,52%	0,07%	7,72%
Abstand	15,59%	13,07%	49,52%
obere 25% der Stichprobe	13,07%	13,13%	57,24%

Tabelle 5 Quartil-Analyse vor Eliminierung[115]

Nach Eliminierung der Ausreißer ist nachfolgende Verteilung vorhanden. Es zeigt sich eine lineare Normalverteilung der Quartile. Der Abstand vom geometrischen Mittel zum oberen und unteren Bereich weist keine signifikanten Abweichungen innerhalb der Perioden auf. Weiterhin ist die Volatilität in Q4 am höchsten.

---

[114] Quelle: Eigene Darstellung.
[115] Quelle: Eigene Darstellung.

	Q2	Q3	Q4
unter 25 % der Stichprobe	-16,92%	-9,48%	-23,17%
Abstand	14,99%	10,04%	26,06%
Median	-1,93%	0,56%	2,90%
Abstand	12,70%	10,19%	31,50%
obere 25% der Stichprobe	10,76%	10,75%	34,39%

Tabelle 6 Quartil-Analyse nach Eliminierung[116]

Dementsprechend ist in Q4 auch die durchschnittliche Entwicklung (ohne Berücksichtigung der größten und kleinsten 4 Stichproben) der Periodenentwicklung der Stichproben in Q4 am höchsten und weicht signifikant von den anderen Perioden ab.

	Q2	Q3	Q4	Durchschnitt
Durchschnitt der Periodenentwicklung	-2,42%	0,13%	7,56%	1,75%

Tabelle 7 Durchschnittsentwicklung der Stichprobe nach Eliminierung[117]

Im Rahmen der Ursachenforschung muss beachtet werden, dass die Entwicklung der aktiven latenten Steuern isoliert keine Aussagekraft besitzt, sie muss viel mehr im Kontext der Unternehmenstätigkeit gesehen werden. So könnte eine Ursache der Abweichungen in Q4 sein, dass in diesem Quartal regelmäßig Investitionen erfolgen aus denen aktive latente Steuern resultieren. Da Steuerbilanzwerte fehlen, muss über Näherungen vorgegangen werden. Nachfolgend wird die Entwicklung der aktiven latenten Steuern im Kontext der Entwicklung der übrigen Bilanzposten bewertet. Um eine Beurteilung darüber abgeben zu können, in wie weit die Entwicklung bestimmter Posten für eine Entwicklung der aktiven latenten Steuern spricht, werden nachfolgend Korrelationen analysiert. Latente Steuern entstehen typischerweise aus langfristigen Posten. Aus kurzfristigen Vermögenswerten ergeben sich typischerweise keine wesentlichen Effekte. Sowohl ein Anstieg als auch eine Reduzierung von Vermögenswerten und Schulden kann eine latente Steuer begründen, da die Entwicklung im Vergleich zur steuerbilanziellen Bewertung entscheidend ist. Daher wird eine Korrelation zwischen der Entwicklung von aktiven

---

[116] Quelle: Eigene Darstellung.
[117] Quelle: Eigene Darstellung.

latenten Steuern und den langfristigen Vermögenswerten und den kurz- und langfristigen Schulden untersucht. Es wird berücksichtigt, dass sich der Bilanzposten der aktiven latenten Steuern aus temporären Differenzen und Verlustvorträgen zusammensetzt. Die Entwicklung der aktiven latenten Steuern aus temporären Differenzen wird wie folgt vorgenommen: Es wird die Quote der temporären Differenzen ermittelt, die auf den Bilanzposten der aktiven latenten Steuern entfallen. Hierzu werden die Angaben im Anhang zu den aktiven latenten Steuern aus temporären Differenzen und Verlustvorträgen vor Saldierung verwendet. Anschließend wie die Quote mit der Entwicklung des Postens der aktiven latenten Steuern multipliziert. Daraus ergibt sich die Entwicklungsquote für die aktiven latenten Steuern aus temporären Differenzen. Die Entwicklung des Postens wird auf Quartalsebene vorgenommen. Da für die Ermittlung des Anteils der temporären Differenzen am Bilanzposten der aktiven latenten Steuern keine quartalsweisen Berichtsinformationen vorliegen, wurde die lineare Entwicklung der Quote zwischen den jeweiligen Jahresberichten unterstellt. Da keine Eröffnungsbilanzwerte für das Jahr 2013 erfasst wurden, ist die Quote aus dem Bericht per 31.12.2013 für die Perioden Q2 – Q4 verwendet worden. Aus diesem Grund konnte auch für die Periode Q1/2013 mangels Eröffnungsbilanzwerte keine Korrelationsanalyse vorgenommen werden.

Dabei wird hingenommen, dass

- a) sich die Angabe im Anhang typischerweise auf Bruttogrößen vor Saldierung bezieht,
- b) die Quote keine Saldierungseffekte beachtet, die zu einer Abweichung zwischen aktiven latenten Steuern und der Bilanzsumme führen und

eine Linearität der Entwicklung des Bilanzpostens nicht im gleichen Verhältnis mit der Entwicklung der abzugsfähigen temporären Differenzen begründet sein muss.

Die prozentuale Entwicklung der langfristigen Vermögenswerte ohne aktive latente Steuern, der kurzfristigen Schulden ohne Steuerverbindlichkeiten und schließlich der langfristigen Schulden ohne passive latente Steuern wird ermittelt. Es werden drei Korrelationen je Unternehmen ermittelt:

- Korrelation (a) zwischen der Entwicklung der aktiven latenten Steuern aus temporären Differenzen und den langfristigen Vermögenswerten ohne aktive latente Steuern

- Korrelation (b) zwischen der Entwicklung der aktiven latenten Steuern aus temporären Differenzen und langfristigen Schulden ohne passive latente Steuern
- Korrelation (c) zwischen der Entwicklung der aktiven latenten Steuern aus temporären Differenzen und kurzfristigen Schulden ohne Ertragsteuern

Erwartungsgemäß besteht, wie in der nachfolgenden Tabelle ersichtlich, eine höhere Korrelation der langfristigen Posten zu den aktiven latenten Steuern als bei den kurzfristigen Schulden. Die Korrelation der langfristigen Vermögenswerte und langfristigen Schulden ist in etwa gleich.

Korrelation (a) Entwicklung DTA temp. Diff und lfr. VW ohne DTA	
Durchschnittliche Korrelation	20,88%
Median	17,88%
Korrelation (b) Entwicklung DTA temp. Diff und lfr. Schulden ohne DTL	
Durchschnittliche Korrelation	21,08%
Median	16,40%
Korrelation (c) Entwicklung DTA temp. Diff und kfr. Schulden ohne Ertragsteuern	
Durchschnittliche Korrelation	13,67%
Median	11,93%

Tabelle 8 Korrelationsanalyse der DTA-Entwicklung zu bestimmten Bilanzposten[118]

Zur Beurteilung der Verteilung der Korrelationen erfolgt die Betrachtung des Quartils der oberen 25 %. Zur Einordnung des Wertes wird zudem die Bandbreite ermittelt. Bei einer linearen Verteilung würde das 3. Quartil dem Mittelwert aus Maximalwert und 75 % der Bandbreite betragen. Anschließend wurde das 3. Quartil von dem rechnerischen Mittelwert des 3. Quartil subtrahiert.

---

[118] Quelle: Eigene Darstellung.

	(a)	(b)	(c)
Durchschnittliche Korrelation	0,21	0,21	0,14
Median	0,18	0,16	0,12
Quartil (Oberen 25 %)	0,37	0,39	0,26
Bandbreite	1,42	1,24	1,37
Kleinster Wert	-0,45	-0,35	-0,48
Größter Wert	0,97	0,97	0,97
rechnerischer Mittelwert der oberen 25 %	0,79	0,80	0,78
Differenz 3. Quartil und rechnerischer Mittelwert der oberen 25 %	-0,42	-0,41	-0,53

Tabelle 9 Differenzanalyse des 3. Quartil mit Aufteilung der DTA[119]

Es zeigt sich, dass gerade bei den kurzfristigen Schulden die größte Abweichung besteht, d.h. die geringste Linearität vorhanden ist, was insoweit auch die geringere Korrelation unterstreicht. Die Verteilung weist auf Grundlage der Differenzbetrachtung bei Korrelation (c) eine signifikante Abweichung gegenüber (a) und (b) auf.

Die Ermittlung geht davon aus, dass eine Linearität der Entwicklungen zwischen der Q1 und Q4 vorhanden ist, welche mangels unterjähriger Quote für die Aufteilung der aktiven latenten Steuern in temporären Differenzen und Verlustvorträgen erforderlich wurde. Wenn bereits eine nichtlineare Entwicklung, d.h. eine deutlich abweichende Entwicklung in Q4 ermittelt wurde, dann muss die Ermittlung der Korrelation auf Jahresberichtsebene gegengeprüft werden. Hierzu wird die Beziehung der Entwicklung der abzugsfähigen temporären Differenzen vor Saldierung (Angabe aus den Angaben im Anhang entnommen) und dem jeweiligen Bilanzposten (siehe oben (a) bis (c) abgekürzt) untersucht. Die Variablen stellen dabei jeweils der Mittelwert aus den Entwicklungen der Berichtsjahre 2014, 2015 und 2016 dar. Die Analyse kann nicht für 2013 erfolgen, da keine Eröffnungsbilanzwerte für 2013 vorliegen. Es zeigt sich, dass erneut bei (a) und (b) die größte Korrelation vorliegt. Bei (c) liegt keine Korrelation vor.

---

[119] Quelle: Eigene Darstellung.

	(a)	(b)	(c)
Durchschnittliche Korrelation	0,23	0,16	-0,02
Median	0,60	0,14	0,02

Tabelle 10 Durchschnittliche Korrelation[120]

Insoweit kann festgehalten werden, dass die langfristigen Posten eine Korrelation zum Bilanzposten der aktiven latenten Steuern aufweisen. Langfristige Vermögenswerte ohne latente Steuern weisen bei einer Betrachtung der Jahresabschlüsse die höchste Korrelation auf. Langfristige Schulden ohne latente Steuern weisen bei einer Betrachtung der Jahresabschlüsse ebenfalls eine messbare Korrelation auf. Kurzfristige Schulden zeigen bezogen auf Jahresabschlussinformationen keine Korrelation, bezogen auf Quartalsdaten ist eine Korrelation gegeben.

Schließlich wird überprüft, ob die Betrachtung der aktiven latenten Steuern auf temporären Differenzen tatsächlich zu genaueren Ergebnissen führt, als eine Betrachtung der gesamten aktiven latenten Steuern ohne die Zerlegung in dessen Bestandteile. Es zeigt sich nachfolgend, dass keine signifikanten Ergebnisunterschiede vorliegen. Insoweit ist für die weitere Prüfung einer Zerlegung nicht erforderlich. Die durchschnittliche Korrelation, der Median und die Bandbreite und die übrigen Größen weisen keine signifikanten Abweichungen auf.

[120] Quelle: Eigene Darstellung.

	(a)	(b)	(c)
Durchschnittliche Korrelation	0,21	0,22	0,14
Median	0,17	0,14	0,11
Quartil (Oberen 25 %)	0,38	0,45	0,30
Bandbreite	1,40	1,22	1,41
Kleinster Wert	-0,44	-0,33	-0,52
Größter Wert	0,96	0,96	0,96
rechnerischer Mittelwert der oberen 25 %	0,79	0,80	0,78
Differenz 3. Quartil und rechnerischer	-0,41	-0,35	-0,48

Tabelle 11 Differenzanalyse des 3. Quartil ohne Aufteilung der DTA[121]

Hintergrund der Korrelationskalkulation ist die Analyse der Entwicklung der aktiven latenten Steuern im Kontext der Entwicklung der übrigen Bilanzposten und schließlich eine Aussage über die Plausibilität der Entwicklung der Quartale abgeben zu können. Festgestellt wurden bereits, dass in Q4 die Entwicklung deutlich von Q1 - Q3 abweicht. Es wird analysiert: Der Mittelwert aus dem Verhältnis der aktiven latenten Steuern zu langfristigen Vermögenswerte und langfristigen Schulden im Hinblick auf die periodische Entwicklung. Besteht eine Korrelation, würde ein Abweichen der Verhältnisse in Q4 nicht zu erwarten sein.

	2013	2014	2015	2016	Durchschnitt
durchsch. Entwicklung der Vorperioden Q1, Q2, Q3	-5,31%	3,26%	2,15%	2,12%	0,56%
Entwicklung Q4	-3,36%	19,19%	6,47%	8,60%	7,72%
durchsch. Entwicklung der Vorperioden Q1, Q2, Q3 des Mittelwertes aus Quote DTA / lfr. VW und DTA / lfr. Schulden	-0,32%	-0,56%	-1,16%	0,72%	-0,33%
Entwicklung Q4	7,42%	-1,26%	1,09%	-4,18%	0,77%

Tabelle 12 Entwicklung der DTA im Periodenvergleich[122]

---

[121] Quelle: Eigene Darstellung.
[122] Quelle: Eigene Darstellung.

Eine signifikante Abweichung unter Berücksichtigung der bilanziellen Entwicklungen ist nicht vorhanden. Tatsächlich steigen die Bilanzposten zu Q4 deutlich an im Vergleich zu den Vorperioden:

	2013	2014	2015	2016	Durchschn.
durchschn. Entwicklung lfr. VW ohne DTA Q1 - Q3	0,04%	3,10%	4,20%	2,77%	2,53%
Entwicklung Q4	-0,11%	5,07%	1,96%	105,37%	28,07%
durchschn. Entwicklung lfr. Schulden ohne DTL Q1 - Q3	-5,31%	3,26%	2,15%	2,12%	0,56%
Entwicklung Q4	-3,36%	19,19%	6,47%	8,60%	7,72%

Tabelle 13 Entwicklung der Bilanzposten im Periodenvergleich[123]

Im Ergebnis kann keine abweichende Entwicklung der aktiven latenten Steuern in Q4 gegenüber Q1 - 3 festgestellt werden. Es konnte nicht nachgewiesen werden, dass aktiven latenten Steuern im finanzwirtschaftlichen Zeitvergleich eine mangelnde Objektivität zugerechnet werden kann. Die Entwicklung zeigt vielmehr eine Plausibilität hinsichtlich der Quartalsentwicklung, so dass im Hinblick auf unterjährige Entwicklungen latente Steuern eine objektive Abhängigkeit zu langfristigen Posten aufweisen. Die Hypothese ist falsifiziert worden.

3.5.1.2 Prüfung der ertragswirtschaftlichen Hypothese

Der Prüfung der Hypothese 2 liegt eine ertragswirtschaftliche Analyse zugrunde. Inhalt ist die Prüfung ist die Fragestellung inwieweit latente Steuern für eine Gewinngestaltung genutzt werden. In der nachstehenden Abbildung sind Faktoren dargestellt, die im Rahmen der Untersuchung der Hypothese zu beachten sind.

---

[123] Quelle: Eigene Darstellung.

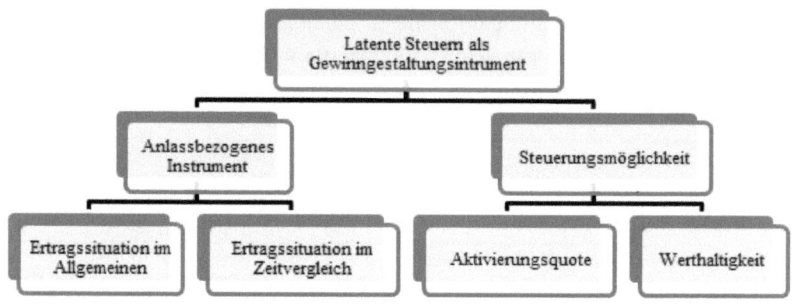

Abbildung 3 Einflussfaktoren der Hypothese 2[124]

Die Hypothese setzt einen Anlass zur Gewinngestaltung voraus und wird im Folgenden als anlassbezogenes Instrument bezeichnet. Dieser Anlass kann die Ertragssituation im Allgemeinen sein. Die Messung der Ertragssituation erfolgt anhand der Größe Gewinn nach tatsächlichen Steuern. Wird die Größe Gewinn nach Steuern (d.h. nach tatsächlichen und latenten Steuern) als Zielgröße der Gestaltung angenommen, so ist die Differenz zwischen dem Gewinn nach Steuern und dem Gewinn nach tatsächlichen Steuern das Ergebnis aus latenten Steuern. Insoweit kann das Gestaltungsinstrument auf eine Größe reduziert werden. Dieser Ansatz erfolgt unter der Prämisse, dass im Gewinn und auch in der Ergebnisgröße der tatsächlichen Steuern, durchaus Gestaltungen vorhanden sein können. Eine negative Ertragssituation vor Steuern kann die Unternehmung dazu veranlassen, Gestaltungsmaßnahmen durchzuführen, um eine positivere Ertragssituation nach Steuern ausweisen zu können. Eine Ertragssituation nahe Null kann die Unternehmung gleichfalls dazu veranlassen, den Gewinn nach Steuern positiv zu beeinflussen[125]. Verändert sich die Ertragssituation zur Vorperiode oder im Vergleich zum Trend der Vorperioden, so kann das Unternehmen ebenfalls dazu veranlasst sein, den Gewinn zu gestalten.[126] Die Hypothese erfolgt unter der Prämisse, dass der Gewinn gegenüber dem Gesamtgewinn in Bezug auf eine Gestaltung aus Unternehmenssicht Vorrang hat. Der Gewinn wird in den Berichten regelmäßig redaktionell von der Ermittlung des sonstigen Ergebnisses getrennt. Aus dieser redaktionellen Darstellung wird angenommen, dass der Adressaten der Berichte eine getrennte Betrachtung des Gewinns und des Gesamtgewinns vorzunehmen hat. Datengrundlage sind die

---

[124] Quelle: Eigene Darstellung.
[125] Vgl. Müller, S./Ladewich, S./Panzer, L., Abschlusspolitisches Potenzial, 2014, S. 203.
[126] Vgl. Marten, K./Weiser, F./Köhler, A., Aktive latente Steuern auf Verlustvorträge: zunehmende Tendenz zur Aktivierung, in Bilanzrecht und Betriebswirtschaft, 2003, S. 2341.

Quartale 1/2013 bis 4/2016. Stichtag der Analyse ist Q4/2014. Eine Gewinnveränderung im Vergleich zum Vorjahr und auch eine kurzfristige Gewinnveränderung könnten eine Gestaltung veranlassen. Daher wird für die Zeitreihenanalyse der Gewinnentwicklung ein Zeitraum von einem Berichtsjahr (Q4/2013 zu Q4/2014) und zudem für die Trendanalyse die Quartale 1/2013 bis 3/2014 im Vergleich zum Quartal 4/2014 herangezogen.

Diese Anlässe setzen eine Steuerungsmöglichkeit voraus. Die Steuerungsmöglichkeit muss in zwei Bereiche unterteilt werden, welche kumulativ vorliegen müssen. Die Steuerungsmöglichkeit umfasst zum einen die Verfügbarkeit einer weiteren Aktivierung von latenten Steuern. Maßstab ist die Aktivierungsquote. Diese Quote ergibt sich aus der Division der bereits aktivierten latenten Steuern und der Summe aus aktivierten und nicht aktivierten latenten Steuern. Im Anhang wird regelmäßig nicht zwischen Nichtaktivierung und Wertberichtigung unterschieden. Eine Nichtaktivierung liegt vor, wenn die jeweiligen aktiven latenten Steuern bisher zu keiner Zeit aktiviert wurden, vgl. IAS. 12.37. Eine Wertberichtigung liegt vor, wenn diese bereits zu einem früheren Zeitpunkt aktiviert wurden.[127] Für die Ermittlung der Aktivierungsquote ist die Unterscheidung unerheblich, da es sich in beiden Fällen um ein nutzbares Potenzial an zu aktivierenden latenten Steuern handelt. Die Aktivierungsquote verändert sich in jeder Periode, da sich sowohl der Betrag der aktivierten als auch der absolute Betrag der nicht aktivierten latenten Steuern verändert.

Die Nutzung dieser bislang nicht aktivierten latenten Steuern setzt jedoch deren Werthaltigkeit voraus. Entsprechend muss im Rahmen der Steuerungsmöglichkeit die Aktivierungsquote und die Werthaltigkeit gemeinsam betrachtet werden. Die Werthaltigkeit im Rahmen der Hypothese muss dahingehend verstanden werden, als dass eine Werthaltigkeit der in der Berichtsperiode neu aktivierten latenten Steuern vorliegen muss. Die Begründung der Werthaltigkeit kann dem Anhang nicht entnommen werden, da dem Adressaten keine Begründung für eine mögliche Neuaktivierung geliefert wird, vgl. IAS 12.79 ff. Die Vertretbarkeit der Werthaltigkeitsentscheidung der Unternehmung kann jedoch über eine Betrachtung der Folgeperioden rückwirkend beurteilt werden: Das Unternehmen stellt Planungen auf, die eine Werthaltigkeit von latenten Steuern begründen. Der Eintritt dieser

---

[127] Vgl. Meyer, M./Loitz, R./Linder, R./Zerwas, P., Latente Steuern, 2010, S. 67.

Planungen kann indikativ in den Folgeperioden beobachtet werden.[128] Es ist nur eine indikative Betrachtung möglich, da die Werthaltigkeit auf Ebene von Steuersubjekten ermittelt wird, der Bericht des Unternehmens jedoch den Gesamtkonzern abbildet. Der Bilanzposten der aktiven latenten Steuern im Konzernabschluss muss aufgrund des Saldierungserfordernisses auf Ebene der Steuersubjekte in seiner Gesamtheit werthaltig sein, d.h. durch Unternehmensplanungen belegt werden. Es wird angenommen, dass die Klarstellung vom 19.01.2017[129] zum IAS 12.29 (a) (ii) in den Perioden 2013 – 2016 keine Anwendung fand. Insoweit sind Umkehreffekte die eine Werthaltigkeit von aktiven latenten Steuern begründen könnten, nicht zu beachten.

Die Analyse wird in vier Schritten durchgeführt[130]:

1. Schritt: Es werden Unternehmen selektiert, die über eine Steuerungsmöglichkeit in Form einer nicht ausgeschöpften Aktivierungsquote verfügen. Zwei von 50 Unternehmen wurden hier ausgeschlossen, da per Q4/2014 eine Aktivierungsquote von 100 % vorlag.

2. Schritt: Anschließend werden die Unternehmen ausgeschlossen, welche keine Ausweitung der aktiven latenten Steuern aufweisen. Von den 48 verbleibenden Unternehmen aus Schritt 1 wurden 15 Unternehmen ausgeschlossen. Die Ausweitung der aktiven latenten Steuern wurden ermittelt aus der Summe der Veränderung von Q4/2013 zu Q4/2014 und Q4/2014 zu Q4/2015. Die Formel lautet wie folgt:

$$\frac{DTA_{t1} + DTA_{t0}}{DTA_{t0}} + \frac{DTA_{t2} + DTA_{t1}}{DTA_{t1}}$$

Der Mittelwert der aktiven latenten Steuern im Verhältnis zur Bilanzsumme der ausgeschlossenen Unternehmen (3,88 %) entsprach per Q4/2014 dem 1,6-fachen des Mittelwertes der gesamten Stichprobe (2,43 %) per Q4/2014. Dies könnte für eine historische Überbewertung und eine nun

---

[128] Vgl. dazu Flagmeier, V., The information content of tax loss carryforward: IAS 12 vs. valuation allowance, 2017, S. 5, die eine grds. Übereinstimmung zwischen der Bilanzierung von Verlustvorträgen und der Steuerwirkung in Folgeperioden feststellt hat.

[129] Vgl. IASB, *Recognition of Deferred Tax Assets for Unrealised Losses*, 2017, da es sich um eine Klarstellung handelt, könnten Unternehmen in der Vergangenheit bereits eine entsprechende Anwendung vorgenommen haben.

[130] Für eine Aufstellung der jeweiligen Unternehmen, siehe Anhang.

vorliegende Abwertung sprechen, entsprechende empirische Daten zur Analyse wurden jedoch nicht erhoben und sind nicht Gegenstand dieser Hypothese.

3. Schritt: Es werden von den verbleibenden Unternehmen jene selektiert, die aufgrund ihrer Ertragssituation im Zeitvergleich einen Anlass zur Gestaltung aufweisen. Es konnten bei 23 der aus Schritt 2 verbleibenden 33 Unternehmen ein anlassbezogenes Instrument festgestellt werden. Folgende Selektionsschritte wurden vorgenommen:

   a. Es wurden die Unternehmen ausgeschossen, bei denen kein Anlass zur Steuerung aufgrund der Ertragssituation nach tatsächlichen Steuern vorliegt. Die Beurteilung der Ertragssituation wurde zweistufig vorgenommen. Es wurde eine Trendvergleichsanalyse und eine Berichtsvergleichsanalyse durchgeführt. Der Berichtsvergleich wurde durch Division des Gewinns nach tatsächlichen Steuern (aber vor latenten Steuern) per Q4/2014 und Q4/2013 ermittelt. Ist der Wert größer Null, so liegt eine positive Entwicklung vor, ein Anlass zur Gestaltung durch latente Steuern besteht nicht. Das Trendvergleichsergebnis wird berechnet aus der durchschnittlichen Entwicklung des Quartalsgewinns nach tatsächlichen Steuern (wobei für die tatsächliche Steuerquote auf das Berichtsergebnis vom jeweiligen Q4 abgestellt wurde) der Quartale 2/2014 bis 4/2014 subtrahiert durch die durchschnittliche Entwicklung des Gewinns nach Steuern der Quartale 2/2013 bis 3/2014. Q1/2013 wurde mangels erfassten Eröffnungsbilanzwerten nicht einbezogen. Ist dieser Wert kleiner Null, so ist der kurzfristige Trend negativer als der langfristigere, so dass angenommen wird, dass Unternehmens ist veranlasst zum Ausgleich dieses Trends eine Gestaltung vorzunehmen. Zehn Unternehmen weisen keinen Anlass zur Gestaltung auf.

   b. Es liegt ein Anlass sowohl aufgrund der Trendvergleichsanalyse und der Berichtsvergleichsanalyse vor. Vier der Unternehmen erfüllen diese Kriterien.

   c. Ein Anlass nur aufgrund der Berichtsvergleichsanalyse weisen fünf Unternehmen auf.

   d. Einen Anlass aufgrund der Trendvergleichsanalyse weisen 14 Unternehmen auf.

4. Schritt: Die Unternehmen die einen Anlass zur Gewinngestaltung haben, werden dahingehend analysiert, inwieweit eine Werthaltigkeitsindikation

vorliegt. Dem Werthaltigkeitsindikator liegt ein kalkuliertes zu versteuerndes Einkommen zugrunde. Dieses wird ermittelt aus der Addition des tatsächlichen Steueraufwandes und der Reduzierung der aktivierten Verlustvorträge, jeweils multipliziert mit dem Konzernsteuersatz. Es liegt die Prämisse zugrunde, dass keine nichtaktivierten Verlustvorträge genutzt werden. Diese hätten unter normativer Prämisse in Vorperioden aktiviert werden müssen. Dieses kalkulatorische zu versteuernde Einkommen wurde für die Berichtsjahre 2014, 2015 und 2016 ermittelt. Es ergeben sich zwei Betrachtungsmöglichkeiten: Zum einen kann eine Entwicklung aufgezeigt werden und zum anderen kann die steuerliche Planungssituation des Unternehmens zum Ende des Berichtsjahres 2014 indikativ nachvollzogen werden. Die IFRS setzten eine Planungstreue, d.h. eine Wahrscheinlichkeit des Eintrittes von steuerlichen Ergebnissen voraus. Insoweit wird angenommen, dass die kalkulatorische Größe für die Jahre 2015 und 2016 der Planungstendenz zum Geschäftsjahresende 2014 entspricht. Es wird eine durchschnittliche Entwicklung aus der Entwicklung des kalkulatorischen zvE vom Berichtsjahr 2014 zu 2016 und vom Berichtsjahr 2015 zu 2016 gebildet. Hierdurch konnte eine Entwicklungstendenz aus dem Mittelwert der kurz- und mittelfristigen Zunahme ermittelt werden. 32 Unternehmen der Stichprobe weisen eine positive, 18 Unternehmen weisen eine negative Entwicklung auf. Von den 23 Unternehmen mit einem in der Ertragssituation begründeten Gestaltungsanlass (aus Schritt 3) weisen 15 eine positive Werthaltigkeitsindikation auf. Acht Unternehmen weisen eine negative Werthaltigkeitsindikation auf.

Nachdem aus der Analyse acht Unternehmen identifiziert wurden, die über Steuerungsmöglichkeiten in Form einer nicht ausgeschöpften Aktivierungsquote verfügen, eine Ausweitung des Aktivüberhangs vorgenommen haben und sich in einer Ertragssituation befinden, die Anlass zur Gestaltung gibt, jedoch über keine Werthaltigkeitsindikation verfügen, werden diese Unternehmen im Folgenden näher analysiert. Hierzu wird das Verhältnis aus der Veränderung des Überhangs aktiver latenter Steuern im Jahresvergleich und den Gewinn nach tatsächlichen Steuern ermittelt. Damit ist ersichtlich, welchen Einfluss aktive latente Steuern als mutmaßliche Gestaltungsgröße auf den Gewinn nach Steuern, auf den in der Hypothese angenommen ungestalteten Basiswert, haben. Dieser Einfluss wird für die Berichtsjahre 2014, 2015 und 2016 ermittelt. Aus dem Ergebnis wird ein Mittelwert gebildet. Es ist erkennbar, dass die 15 Unternehmen aus Schritt 4 die einen positiven Werthaltigkeitsindikator vorweisen, eine wesentlich größere Quote aufweisen, d.h. das Ergebnis aus aktiven latenten Steuern sich deutlich stärker auf den Gewinn nach tatsächlichen Steuern auswirkt, als bei den Unternehmen mit fehlender Werthaltigkeitsindikation.

	Veränderung DTA aus dem Jahresvergleich zum Gewinn nach tats. Steuern für das Jahr 2014 - 2016	
	Mittelwert	*Median*
Unternehmen mit fehlender Werthaltigkeitsindikation	18,90%	11,69%
Unternehmen mit Werthaltigkeitsindikation	254,93%	27,98%

Tabelle 14 Verhältnis aus DTA-Veränderung und Gewinn nach tatsächlichen Steuern im Vergleich zur Werthaltigkeitsindikation[131]

Im Rahmen der Analyse muss beachtet werden, dass die Veränderung des Aktivüberhangs nicht den Gesamtbetrag des Ergebnisses aus latenten Steuern ausmacht. Die Veränderung der passiven latenten Steuern fließt ebenfalls in den Aufwand als latenten Steuern ein. Da jedoch der Posten der passiven latenten Steuern aufgrund des Saldierungserfordernisses nach IAS 12.74 keine Werthaltigkeitsprüfung voraussetzt, bleibt dieser unbeachtet. Gleichwohl hat dieser durchaus einen Einfluss auf das Ergebnis aus latenten Steuern, ist jedoch nicht Gegenstand der Hypothese. Es zeigt sich in der oben angegeben Tabelle, dass latente Steuern bei den gefilterten Unternehmen insgesamt einen signifikanten Einfluss auf den Gewinn nach Steuern ausüben. Bei Unternehmen mit einem rückwirkend-rechnerischen Werthaltigkeitsnachweis haben aktive latente Steuern jedoch einen deutlich höheren Einfluss auf den Gewinnausweis. Dies ist grundsätzlich nicht überraschend, da Unternehmen mit einer rückläufigen Steuerertrags-Situation tendenziell weniger latente Steuern aktivieren würden, als Unternehmen mit einer steigenden Planung. Warum es bei diesen neun Unternehmen zu einem Anstieg der aktiven latenten Steuern gekommen ist, trotz rückläufiger Planung, kann in Saldierungseffekten (Steuersubjekt) begründet sein. Der Informationsgehalt des Anhangs gibt hierüber keinen Aufschluss.

Es kann festgehalten werden, dass aktive latenten Steuern ein Instrument zur Gewinnverbesserung sind, ein objektiver Werthaltigkeitsmaßstab jedoch rückwirkend nicht erkannt werden kann, da immerhin acht der insgesamt 50 Unternehmen ein Anstieg der aktiven latenten Steuern vorweisen, obwohl die

---

[131] Quelle: Eigene Darstellung.

Steuerertragsplanung rückläufig ist. Diese signifikante Größe von 16 % kann auf verschiedene Arten interpretiert werden:

a) Es liegen fachliche Fehler im Rahmen der Werthaltigkeitsprüfung vor,
b) Steuerertragsplanung weicht von tatsächlichem zu versteuernden Einkommen ab oder
c) Ursache ist eine bewusst falsche Planung.

Empirisch kann diese Frage auf Grundlage der erfassten Datenbasis nicht beantwortet werden. Die Planung eines Konzerns ist in seiner kumulierten Gesamtheit von keiner notwendigen Linearität geprägt, verschiedene Geschäftsbereiche haben abweichende Entwicklungen, Einmaleffekte und unplanmäßige Ereignisse verzerren eine ideell-lineare Umsatz- und Ergebnisplanung.

Nachfolgend wird eine Korrelationsanalyse durchgeführt, mit dem Ziel die Homogenität der Gruppe der Unternehmen ohne Werthaltigkeitsindikation zu untersuchen. Diese Analyse dient der Gegenprüfung. Liegt eine hohe Homogenität vor, so kann der Selektion eine Plausibilität zugerechnet werden. Hierfür werden folgende fünf Variablen genutzt:

(1) Ertragssituation

(2) Aktivierungsquote

(3) Werthaltigkeitsindikation

(4) Bilanzposten aktiven latenten Steuern

(5) Anteil des Ergebnisses aus aktiven latenten Steuern am Gewinn nach Steuern

Für die Variable der Ertragssituation wurde der Mittelwert aus dem Gewinn nach Steuern der Berichtsjahre 2013 bis 2016 ermittelt. Dies bildet den Nenner des Bruchs. Im Zähler steht der ermittelte Trendwert für 2017 aus dem linearen Trend unter Verwendung der Methode der kleinsten Quadrate. Die Variablen (2)[132] und (4) wurde ebenfalls aus der Division des entsprechenden Trendwertes zum Mittelwert ermittelt. Für die Variable (3)[133] und (5) wurden im Nenner abweichend die Berichtsjahre 2014 bis 2016 berücksichtigt, da die jeweilige Periodenentwicklung ermittelt wird. Da für 2013 Werte von 2012 erforderlich wären, entfällt die Betrachtung für 2013. Es werden die jeweiligen Korrelationen der Variablen ermittelt

---

[132] Zur Formel siehe 3.4.
[133] Zur Formel siehe 3.5.1.2.

Die Analyse wird für die Unternehmen durchgeführt, die in Schritt 5 über keine Werthaltigkeitsindikation verfügen.

	Ertragssituation	Aktivierungsquote	Werthaltigkeitsindikation	Bilanzposten DTA	Anteil Ergebnis DTA an Gewinn n. Steuern
Ertragssituation	1,00	0,44	0,64	0,52	0,36
Aktivierungsquote		1,00	0,01	0,51	0,36
Werthaltigkeitsindikation			1,00	0,61	0,70
Bilanzposten DTA				1,00	0,60
Anteil Ergebnis DTA an Gewinn n. Steuern					1,00

Tabelle 15 Variablen Matrix für Unternehmen mit fehlender Werthaltigkeitsindikation[134]

Die Korrelationsanalyse zeigt, dass Unternehmen mit fehlender Werthaltigkeitsindikation bei sechs Beziehungen eine hohe und bei drei Beziehungen eine mittlere Korrelation aufweisen. Es kann festgestellt werden, dass die Einordnung der Unternehmen mit fehlender Werthaltigkeitsindikation eine hohe Homogenität der Beziehungen aufweist. Eine rückwirkende Ertragssituation führt bei der Gruppe von Unternehmen zu einem Anstieg der Aktivierungsquote. Die Verfügbarkeit einer freien Aktivierungsquote wurden Eingangs als Steuerungsinstrument vorausgesetzt. Sinkt die Ertragssituation, so sinkt in gleichen Maße die Werthaltigkeitsindikation, ebenso wie der Bilanzposten der aktiven latenten Steuern. Reduziert sich die Werthaltigkeitsindikation im Trendverlauf, so geht auch der Gewinnanteil der latenten Steuern zurück. In plausibler Weise schlägt sich ein Anstieg des Bilanzpostens im gesteigerten Gewinnanteil nieder.

Es ist im Ergebnis festzustellen das ein signifikanter Anteil von Unternehmen identifiziert wurde, die mit einer nicht ausschöpften Aktivierungsquote, einer Ausweitung der aktiven latenten Steuern und einem ertragswirtschaftlichen Anlass eine fehlende Werthaltigkeitsindikation aufweisen. Hier kann die Begründung der Werthaltigkeit der Aktivierung der latenten Steuern durch eine Analyse des Jahresabschlusses nicht gewonnen werden. Die Ergebnisse werden nachfolgend im Rahmen der Beantwortung der Forschungsfrage eigeordnet.

3.5.2 Beantwortung der Forschungsfrage

Die Forschungsfrage muss differenziert beantwortet werden: Nach einer finanzwirtschaftlichen Untersuchung, wurde eine Korrelation zwischen der Quartalsentwicklung der aktiven latenten Steuern im Kontext der Entwicklung bestimmter langfristiger Bilanzposten festgestellt. Es ergibt sich keine signifikante Abweichung zwischen einzelnen Perioden. Insoweit wurde die Hypothese 1 falsifiziert. Im

---

[134] Quelle: Eigene Darstellung.

Rahmen der ertragswirtschaftlichen Untersuchung unter Berücksichtigung von anlass- und steuerungsbezogenen Aspekten wurde festgestellt, dass latente Steuern als Gewinnverbesserungsinstrument genutzt werden können. Es ist ein signifikanter Anteil vorhanden, welcher bei entsprechender Verfügbarkeit von nicht genutzten aktiven latenten Steuern eine Ausweitung der Aktivierung vornimmt, obwohl dies rückwirkend betrachtet objektiv nicht nachvollziehbar ist. Mit Blick auf die Forschungsfrage kann daher festgestellt werden, dass unter finanzwirtschaftlicher Betrachtung im Kontext der Bilanzentwicklung eine Objektivität vorliegt, in bestimmten Fällen die ertragswirtschaftliche Entwicklung und die Werthaltigkeitsbeurteilung aktiver latenter Steuern jedoch objektiv nicht erkennbar ist. Diese fehlende Erkennbarkeit und Nachprüfbarkeit führt zu Unsicherheiten der Wertbeimessung durch den Adressaten, die schließlich in einer fehlenden Objektivität mündet. Vor dem Hintergrund der Eliminierungspraxis im Rahmen der Bilanzanalyse und der hohen Relevanz hinsichtlich der Gewinnauswirkung stellt dies einen Missstand in der Standardsetzung dar.

Die Werthaltigkeitsbewertung in Fällen einer Ausweitung der aktiven latenten Steuern objektiv für einen Bilanzleser nicht grundsätzlich nachvollziehbar. Die Ursachen hierfür können vielfältig sein. Um Lösungswege im Ausblick darzustellen, ist es unerlässlich, Ursachen zu analysieren. Diese Ursachen werden im Folgenden erarbeitet.

3.6 Mögliche Ursachen des Objektivitätsproblems

3.6.1 Ermittlungsfehler latenter Steuern und steuerlicher Planungsrechnungen

Wie bereits dargestellt, ist es im Rahmen der vorliegenden empirischen Analyse nicht möglich, einen Rückschluss auf die Ursache der fehlenden Objektivität in bestimmten Unternehmenssituationen zu schließen. Aus diesem Grund und zur Analyse inwieweit die Ergebnisse des partiellen Objektivitätsmangels eingeordnet werden können, wird in diesem Kapitel eine allgemeine Ursachenanalyse durchgeführt. Sie schließt die Begründung der Objektivitätsproblematik ab.

Die Ursachenanalyse kann in drei Bereiche klassifiziert werden. Die Gliederung kann dahingehend vorgenommen werden, wie zielgerichtet die subjektiven Einflüsse sind. Ermittlungsfehler stellen eine unwissentliche Verfälschung des Bildes der tatsächlichen VFE-Lage dar. Bei der Erwartungswertabweichung liegt ebenfalls eine unwissentliche Falschberechnung vor. Ist im Zeitpunkt der Ermittlung der Eintritt wahrscheinlich, so kann durch Entwicklungen im Zeitverlauf ein Abweichen zwischen dem tatsächlichen Eintritt und der vorhergehenden Planung vorliegen. Die Gestaltungsabweichung stellt eine bewusste Verfälschung der tatsächlichen VFE-Lage. Bei der Gestaltungsabweichung werden wissentlich steuerliche Planungen unterstellt, deren Eintritt unwahrscheinlich ist, die Aktivierung von latenten Steuern dementsprechend zu hoch oder zu niedrig ausgefallen ist.

Ermittlungsfehler als Ursache des Objektivitätsproblems können, wie in Abschnitt 2 dieser Arbeit dargestellt, in der Komplexität und den Schnittstellen begründet sein. Hinzukommen möglicherweise Vereinfachungen, um unter einem vermeintlich wirtschaftlichen Blickwinkel den Bilanzierungserfordernissen gerecht zu werden. So werden regelmäßig keine steuerlichen Planungsrechnungen aufgestellt, sondern entsprechende interne Planungen unvollständig übergeleitet. Unter dem Aspekt der Komplexität und der Schnittstellenproblematik sind zudem insbesondere Software-Aspekte zu berücksichtigen. Die Ermittlung von latenten Steuern ergibt sich regelmäßig aus einer Sammlung von verschiedensten IT-Lösungen, welche typischerweise nur unzureichend miteinander vernetzt sind. So werden die Daten des Einzelabschlusses häufig in einer anderen Software ermittelt, als die anschließend aufzustellende Summenbilanz und die folgenden Konsolidierungen. Teilweise werden Einzelabschlussinformationen von Tochterunternehmen mittels Reporting-Packages angeliefert und müssen manuell verarbeitet werden. Die Ermittlung steuerliche Werte findet zumeist in einer weiteren Software statt. Werthaltigkeitsbetrachtungen und Saldierungen werden regelmäßig vollständig manuell in Tabellenkalkulationsprogrammen vorgenommen. Dieses Vorgehen ist nicht zu beanstanden, es muss jedoch beachtet werden, dass entscheidungsrelevante Informationen fehlerfrei und objektiv sein müssen.[135] Wie bereits dargelegt sind Feststellungen im Bereich der latenten Steuern durch die DPR leider regelmäßig vorzufinden.

3.6.2 Gestaltungsabweichung: Bewusst Unterstellung von zu positiven bzw. negativen Planungen

Den Instrumenten der Bilanzpolitik sind Ermessensspielräume und Wahlrechte zuzuordnen.[136] Ermessensspielräume erlauben dem Bilanzaufsteller durch

---

[135] Vgl. Baetge, J./Matena, S., Fair Value Accounting, in Vom Financial Accounting zum Business Reporting, 2002, S. 76.
[136] Vgl. Veit, K., Bilanzpolitik 2002, S. 10; vgl. Flacke, K./Kraft, M./Triska, T., Grundlagen des betriebswirtschaftlichen Rechnungswesens, 2015, S. 308.

subjektive Wertungen, Sachverhalte im Rahmen der GoB gestalten zu können.[137] Ziel der Bilanzpolitik ist die bewusste Beeinflussung der Abschlussinformationen und der Adressaten[138], durch die materielle Gestaltung des Jahresabschlusses[139]. Vorstellungen über die VFE-Lage sollen bewusst gesteuert[140] und verzerrt werden[141]. Dies unterstellt Planungen deren Eintritt unwahrscheinlich ist, so dass in der Folge eine zu hohe oder zu geringe Aktivierung von latenten Steuern vorgenommen wird. Insbesondere in Krisensituationen dient die Bilanzpolitik als Kompensationsmittel.[142] Das Instrument ist dem „Strategic management accounting"[143] zuzuordnen.

Die Art der Gestaltungsabweichung kann darin unterschieden werden, ob eine zu positive Planung oder eine zu negative Planung vorliegt. Eine zu negative Planung kann vorliegen, um Ergebnisse stetig auszuweisen[144] oder Ergebnisse in künftige Periode zu verschieben. Eine zu positive Planung kann vorliegen, um die Erwartung von Gläubigern, Eigentümern und Dritten zu befriedigen und zu übertreffen. So konnte nachgewiesen werden, dass die Aktivierung von latenten Steuern auf Verlustvorträge den Kurs von US-Aktien positiv beeinflusst[145] und daher eine Relevanz für den dortigen Kapitalmarkt besitzt[146]. Aktive latente Steuern führen zu einer positiven, passive latente Steuern zu einer negativen Beeinflussung.[147] Eine Kapitalmarktrelevanz von aktiven latenten Steuern auf Verlustvorträge konnte in Deutschland jedoch nicht nachgewiesen werden.[148] Sehr wohl konnte jedoch ein positiver Effekt des Anstieges aktiver latenter Steuern auf temporäre Differenzen

---

[137] Vgl. Flacke, K./Kraft, M./Triska, T., Grundlagen des betriebswirtschaftlichen Rechnungswesens, 2015, S. 309.
[138] Vgl. Wöhe, G., Bilanzierung und Bilanzpolitik, 1997, S. 54 f;
[139] Vgl. Flacke, K./Kraft, M./Triska, T., Grundlagen des betriebswirtschaftlichen Rechnungswesens, 2015, S. 308.
[140] Vgl. Wöhe, G., Bilanzierung und Bilanzpolitik, 1997, S. 688 f.
[141] Vgl. Flacke, K./Kraft, M./Triska, T., Grundlagen des betriebswirtschaftlichen Rechnungswesens, 2015, S. 352.
[142] Vgl. Bötzel, S., Diagnose von Konzernkrisen, 1993, S. 163.
[143] Vgl. Schmidt, M., Research Methods in Accounting, 4 2017, S. 34.
[144] Vgl. Flacke, K./Kraft, M./Triska, T., Grundlagen des betriebswirtschaftlichen Rechnungswesens, 2015, S. 310.
[145] Vgl. Diehl, K., How deferred tax assets and liabilities influence US stock prices, 2010, S. 92.
[146] Vgl. Meyer, H., IAS 12, 2013, S. 3.
[147] Vgl. Meyer, H., IAS 12, 2013, S. 3.
[148] Vgl. Meyer, H., IAS 12, 2013, S. 248.

nachgewiesen werden.¹⁴⁹ Aufgrund der Anhang-Angaben über die Nichtaktivierung von Verlustvorträgen und der damit verbundenen negativen Signalwirkung, durch eine Ableitung der Planungseinschätzung, besteht der Anspruch möglichst viele latente Steuern zu aktivieren.¹⁵⁰

Eine Suche der Verantwortlichen im Kreise des Managements lässt sich der Ansicht zuordnen, dass das Management, durch einen erfolgsabhängigen Vergütungsbestandteil von positiven Jahresergebnissen, abhängig ist.¹⁵¹ Die Verhaltensforschung in der Rechnungslegung löst sich jedoch im Rahmen der Ursachenforschung von der isolierten Betrachtung der Management-Ebene.¹⁵² Grundlage hierfür ist die Erkenntnis, dass Interaktionen durch extrinsische Einflüsse gesteuert werden.¹⁵³ Neben dem Management ist grundsätzlich auch die Beeinflussung der Unternehmensentscheidungen durch Stakeholder denkbar, wenn auch von außen nur schwer nachweisbar.¹⁵⁴ Eine Analyse gestaltet sich aufgrund der Vielzahl möglicher Interessen, der üblicherweise unvollkommenen Datenbasis und der fehlenden Korrelation von Beeinflussungsmöglichkeiten und Größe des Stakeholders als schwierig.¹⁵⁵

Unabhängig davon wem wie Verantwortlichkeit einer Manipulation zuzurechnen ist, rückt durch IAS 12 die Steuerberichterstattung und damit einhergehend deren Steuerung in den Vordergrund.¹⁵⁶ Dieses Steuer ist jedoch nicht mit Manipulation gleichzusetzen. Zwar implizieren unkonkrete Wahrscheinlichkeitskriterien und der nicht festgelegte Prognosezeitraum einen Ermessensspielraum¹⁵⁷ und vollständig frei von Ermessenentscheidungen ist letztendlich keine Rechnungs-

---

[149] Vgl. Meyer, H., IAS 12, 2013, S. 247.
[150] Vgl. Haddad, N., Qualität der Rechnungslegung, 2016, S. 117
[151] Vgl. Wagenhofer, A., Bilanzierung und Bilanzanalyse, 2015, S. 49.
[152] Vgl. Obermaier, R./Müller, F., Management accounting research in the lab – method and applications, 2008, S. 329.
[153] Vgl. Schmidt, M., Research Methods in Accounting, 2017, S. 4.
[154] Vgl. Kuhn, L./Gilbert, D., Stakeholderanalyse, in Internationales Management und die Grundlagen des globalisierten Kapitalismus, 2016, S. 345 u. S. 364.
[155] Vgl. Kuhn, L./Gilbert, D., Stakeholderanalyse, in Internationales Management und die Grundlagen des globalisierten Kapitalismus, 2016, 365 f.
[156] Vgl. Kröner, M., Perspektivwechsel IAS 12, 2006, S. 283 f.
[157] Vgl. Stibi, B./Fuchs, M., Neuausrichtung der Bilanzpolitik im IFRS-Abschluss, 2007, S. 378.

legung.[158], dennoch stellt Willkür die Grenze des Ermessenspielraumes dar.[159] Eine externe Prüfung findet aus diesem Grund gem. § 316 Abs. 2 Satz 1 HGB regelmäßig durch den Abschlussprüfer und unregelmäßig durch die DPR statt.[160] Zweck der Prüfungen und der Abschlusserstellung im Allgemeinen ist die Vertrauensbildung in die Rechnungslegung.[161] Die Notwendigkeit der Vertrauensbildung ergibt sich aus der Ungleichverteilung von Informationen und der daraus „resultierenden Unsicherheit"[162]. Dieser Zustand entsteht immer dann, wenn Eigentümer und Management auseinanderfallen und in der Folge Kontrollen nur eingeschränkt möglich sind.[163] Im Rahmen der DPR-Prüfung entfallen Interessenkonflikte, welche dem Abschlussprüfer in Bezug auf den Wunsch der Sicherung von Folgeaufträgen zugeordnet werden müssen[164].

Das Vorliegen einer Gestaltungsabweichung als Ursache einer Objektivitätsproblematik kann auf Basis der Abschlussinformationen nicht belegt werden. Eine Inkonsistenz der Aufwendungen und Erträge aus latenten Steuern kann ein Indikator für Bilanzpolitik sein.[165] Im Rahmen der Forschungsfrage wurde zudem die Plausibilität der Postenentwicklung im Kontext der wirtschaftlichen Entwicklung als Indikator festgestellt. Ursächlich kann zudem die Steuerbilanzpolitik sein[166], insoweit lässt sich damit nicht ohne weitere Betrachtung des Unternehmensumfeldes und den internen Finanzdaten ein Objektivitätsproblem erklären.

---

[158] Vgl. Stibi, B./Fuchs, M., Neuausrichtung der Bilanzpolitik im IFRS-Abschluss, 2007, S. 387.

[159] Vgl. Stibi, B./Fuchs, M., Neuausrichtung der Bilanzpolitik im IFRS-Abschluss, 2007, S. 384; vgl. insb. vor dem Hintergrund von Schätzungen Jannsen, J., Rechnungslegung im Mittelstand, 2009, S. 111.

[160] Vgl. Stibi, B./Fuchs, M., Neuausrichtung der Bilanzpolitik im IFRS-Abschluss, in IFRS-Management, 2007, S. 386; vgl. IDW PS 314, Tz. 24.

[161] Vgl. Eierle, B./Ritzer-Angerer, P., Externe Unternehmensberichterstattung und Vertrauen, in Internationales Management und die Grundlagen des globalisierten Kapitalismus, 2016, S. 549 f.

[162] Vgl. Eierle, B./Ritzer-Angerer, P., Externe Unternehmensberichterstattung und Vertrauen, in Internationales Management und die Grundlagen des globalisierten Kapitalismus, 2016, S. 550.

[163] Vgl. Eierle, B./Ritzer-Angerer, P., Externe Unternehmensberichterstattung und Vertrauen, in Internationales Management und die Grundlagen des globalisierten Kapitalismus, 2016, 550 f.

[164] Vgl. Flacke, K./Kraft, M./Triska, T., Grundlagen des betriebswirtschaftlichen Rechnungswesens, 2015, S. 342.

[165] Vgl. Chaney, P./Jeter, D., The Effect of Deferred Taxes on Security Prices, 1994, S. 94.

[166] Vgl. Meyer, H., IAS 12, 2013, S. 173.

3.6.3 Erwartungswertabweichung: Rückblickend erkennbar falsche Planwerte

Bei der Erwartungswertabweichung liegt eine Differenz zwischen Plan- und Ist-Werten im Rahmen der steuerlichen Planungsrechnung vor. Nach IAS 10.7 i.V.m. IAS 10.9 (b) und (e) sind Ereignisse nach dem Stichtag hinsichtlich Fehlern und Wertminderungen bis zur Genehmigung der Veröffentlichung des Jahresabschlusses zu berücksichtigen. Eine Planabweichung wird regelmäßig erst nach der Genehmigung vorliegen, da steuerliche Planungen regelmäßig erst nach dem Stichtag und kurz vor Genehmigung aufgestellt werden. Eine abweichende Entwicklung nach Genehmigung der Veröffentlichung und die damit einhergehende Auswirkung auf die Höhe der latenten Steuern, kann dem Unternehmen nicht angelastet werden. Insoweit liegt in diesem Fall eine Objektivitätsproblematik im Zeitreihenvergleich vor. Diese ergibt sich aus dem inhärenten Risiko einer planungsbasierten und stichtagsbezogenen Bilanzierung.

Im Rahmen der ertragswirtschaftlichen Hypothese konnten Unternehmen identifiziert werden, bei denen eine Erwartungswertabweichung festgestellt werden konnte. Fehlende Anhangangaben führen jedoch dazu, dass keine Beurteilung darüber abgegeben werden kann, ob eine Gestaltungs- oder eine Erwartungswertabweichung vorliegt. Um der unzureichenden Informationsbasis entgegenzuwirken, werden im folgenden Ausblick Lösungswege dargestellt, die eine Objektivität verstärken und Unsicherheiten beim Adressaten abbauen können.

4 Ausblick: Lösungswege zur Steigerung der Objektivität

4.1 Erfolgsneutrale Behandlung von latenten Steuern

Ein Objektivitätsproblem konnte für Unternehmen in bestimmten Phasen nachgewiesen werden. In diesem Kapitel werden im Rahmen eines Ausblickes Lösungsmöglichkeiten dargestellt, deren umfassende Würdigung jedoch nicht Gegenstand dieser Masterarbeit sein kann. Die Würdigung bezieht sich daher lediglich auf die Darstellungen grundsätzlicher Auswirkungen und Aspekte, die im Rahmen der jeweiligen Lösungsmöglichkeit einschlägig sein können. Die Lösungsmöglichkeiten können insoweit nicht abschließend sein.

Eine Lösung kann darin bestehen, die Anreize, die aus der Erfolgswirksamkeit der Veränderungen latenter Steuern resultieren, aufzuheben. Eine grundsätzliche Erfolgsneutralität würde der organischen Bilanztheorie folgen, dass unrealisierte Werteveränderungen ausgewiesen, aber keinen Erfolgsbeitrag leisten sollen.[167] Die dynamische Bilanztheorie stellt den Periodenerfolg in den Vordergrund.[168] Versteht man den Periodenerfolg als realisierten Gewinn, so ergibt sich hier kein Widerspruch. Wird der Periodenerfolg entsprechend der Generalnorm der Fair Presentation verstanden, ergibt sich ein Widerspruch. Fraglich ist daher, ob dies mit den Grundprinzipen der IFRS vereinbar ist. Latente Steuern stellen einen künftigen Nutzenzufluss oder Nutzenabfluss dar. Durch das temporary-Konzept, welches stichtagsbezogen Differenzen der verschiedenen Rechnungslegungen betrachtet[169], ergibt sich eine statische Bilanzauffassung. Die statische Bilanztheorie hat das Ziel die Vermögenslage darzustellen.[170] Das Prinzip der Erfolgsneutralität findet beispielsweise im Rahmen der IFRS-Neubewertungsrücklage Anwendung. Es gilt zu prüfen, ob die erfolgsneutrale Behandlung latenter Steuern mit der statischen Bilanztheorie vereinbar ist, bei der die Ermittlung des Reinvermögens im Mittelpunkt steht[171]. Die statische Bilanztheorie hat die Aufgabe das Schuldendeckungspotenzial wiederzugeben.[172] Die erfolgsneutrale Behandlung führt jedoch

---

[167] Vgl. Moxter, A., Bilanzlehre, Band I, 1984, S. 63-66.
[168] Vgl. Wöhe, G., Bilanzierung und Bilanzpolitik, 1997, S. 51.
[169] Vgl. Wollmert, P., WP-Handbuch, 2017, Kapitel K Tz. 246.
[170] Vgl. Tanski, J., Rechnungslegung und Bilanztheorie, 2013, S. 75.
[171] Vgl. Baetge, J./Kirsch, H./Thiele, S., Bilanzen, 2017, S. 15.
[172] Vgl. Baetge, J./Kirsch, H./Thiele, S., Bilanzen, 2017, S. 15.

weiterhin zu einer Veränderung des Eigenkapitals, so dass die Vereinbarkeit gewährleistet ist.

Da im Rahmen der finanzwirtschaftlichen Hypothese dargestellt wurde, dass latente Steuern keine unplausiblen Entwicklungen aufweisen, jedoch im Rahmen der ertragswirtschaftlichen Entwicklung ein Objektivitätsproblem erkannt werden konnte, würde die Erfolgsneutralität in ihrer Systematik die Erfolgswirkung unterbinden. Die Erfolgsneutralität führt daher als Ergebnis der deskriptiven Untersuchung zu einer zielführenden Steuerung der Unternehmenstätigkeit.

Dagegen spricht, dass erst durch die erfolgswirksame Behandlung von latenten Steuern die Konzernsteuerquote eine Aussagekraft erhält.[173] Die Erfolgsneutralität widerspricht dem System der erfolgsorientierten Periodenabgrenzung nach F. 22 (i). Steuern stellen einen Aufwand oder Ertrag dar, der periodisiert betrachtet werden muss. Latente Steuern sind, wie oben dargestellt, als Vermögenswerte und Schulden zu klassifizieren. Nach unserem heutigen Verständnis von latenten Steuern ist eine erfolgsneutrale Behandlung mit dem Periodenkonzept nicht zu vereinbaren, da ein neutraler Ansatz und ein erfolgswirksamer Umkehreffekt in Form von tatsächlichen Steuern zur Behandlung in verschiedenen Sphären führt.

Im Ergebnis kann die grundsätzliche erfolgsneutrale Behandlung die erfolgsorientierte Steuerung unterbinden, sie ist jedoch nicht mit der bisherigen Auffassung von latenten Steuern und der Gewinnaufteilung von erfolgsneutralen und erfolgswirksamen Vorgängen vereinbar, da sich hier regelmäßig eine Verschiebung zwischen den Sphären ergeben würde.

4.2 Qualitative Anhangangaben zu Planungsrechnungen

Alternativ zur bilanziellen Behandlung kann sich eine Lösung auf die Erhöhung qualitativer Anhangangaben zur Planungsrechnung beziehen. Qualitative Angaben können darin bestehen, den Adressaten in die Lage zu versetzen, den Planungsprozess und die Indikatoren die in die Planung eingeflossen sind, nachvollziehen zu können. Dem Adressaten muss es möglich sein zu verstehen, warum das Unternehmen davon ausgeht, dass bestimmte Steuersubjekte wahrscheinlich ein zukünftiges positives zu versteuerndes Einkommen generieren, welches den Ansatz einer aktiven latenten Steuer nach Saldierung mit passiven latenten Steuern begründet. Nach IAS 1.122 ist die Angabe zum Vorliegen von Schätzungsunsicherheiten

---

[173] Vgl. Kröner, M., Perspektivwechsel IAS 12, 2006, S. 285.

erforderlich. Vor dem Hintergrund des IAS 1.125 (i) i.V.m. IAS 1.127 ist eine qualitative Ausführung erforderlich, wobei nach IAS 1.130 die Angabe von konkreten Planwerten nicht erforderlich ist.

Die Forderung nach qualitativen Angaben führt jedoch dazu, dass ein Ermessensspielraum hinsichtlich des Umfangs der Angaben vorhanden ist. Hinsichtlich dieser Ermessensentscheidung muss der Rechnungslegungsstandard einer Kosten-Nutzen-Analyse standhalten.[174] Kriterien zur Messung der Charakteristika der Entscheidungsnützlichkeit sind die Vergleichbarkeit, die Nachprüfbarkeit, die zeitliche Nähe und die Verständlichkeit.[175] Die qualitative Anhangangabe muss diesen Ansprüchen gerecht werden.

Dafür spricht, dass die Aufgabe der Rechnungslegung der Abbau von Unsicherheiten und die Verschaffung von Informationen ist.[176] Historisch betrachtet stellt das Handelsrecht den Gläubigerschutz, die internationale Rechnungslegung die Informationsbereitstellung für Zwecke der Investitionsentscheidung, in den Vordergrund.[177] Qualitative Angaben würden dem Informationsbedürfnis eines potenziellen Investors Rechnung tragen. Das Interesse der Bilanzleser steht über den Interessen einer Steuer-Privatsphäre.[178] Dennoch kann es sachgerecht sein, Informationen bezogen auf den Adressatenkreis zu begrenzen.[179]

Dagegen spricht, die folgende Feststellung: Angaben über latente Steuern in IFRS-Konzernabschlüssen gelten als unverständlich.[180] Es ist dem Leser des Konzernabschlusses kaum möglich, künftige Effekte zu erkennen und zu bewerten.[181] Insoweit ist die reine Forderung nach einer Ausweitung qualitativer Angabepflichten

---

[174] Vgl. Bay, W./ Bruns, H., Internationalisierung der Unternehmenspublizität als Folge globaler Unternehmenstätigkeit, 2000, S. 744.
[175] Vgl. Dolson, M./Selfridge, I., Manuel of Accouting IFRS 2017 – Volume 1, 2016 14.27.
[176] Vgl. Eierle, B./Ritzer-Angerer, P., Externe Unternehmensberichterstattung und Vertrauen, in Internationales Management und die Grundlagen des globalisierten Kapitalismus, 2016, S. 554.
[177] Vgl. Buchholz, L./Gerhard, R., Internes Rechnungswesen, 2016, S. 16.
[178] Vgl. Kröner, M., Perspektivwechsel IAS 12, 2006, S. 290.
[179] Vgl. Schildbach, T., Fair Value Accounting, 2015, S. 33.
[180] Vgl. PricewaterhouseCoopes, Measuring Assets and Liabilities – Investment Professionals' View, 2007, S. 15.
[181] Vgl. Schildbach, Thomas, Fair Value Accounting, 2015, S. 294; vgl. Gegenmeinung Flagmeier, Vanessa, The information content of tax loss carryforward: IAS 12 vs. valuation allowance, 2017, S. 21.

nicht grundsätzlich sachgerecht. Hinsichtlich der Forderung nach einer Ausweitung der qualitativen Angaben gilt es zu bewerten, inwieweit die Informationen dem Adressatenkreis verhelfen, sich ein Bild der VFE-Lage zu verschaffen. Im Ergebnis kann ein Ersatz oder eine Erweiterung von Angaben stehen. Ziele der Kernvorschrift zur VFE-Lage ist die Beurteilung der Stabilität und Ertragskraft des Unternehmens.[182] Dennoch wird dem Jahresabschluss keine universelle Aussagekraft dessen zugeordnet, er stellt viel mehr Grundlage für eine Gesamtaussage dar.[183] Hier ist jedoch anzumerken, dass den Abschlüssen eine unzulängliche Abbildung der Realität attestiert wird.[184] Die Ausweitung per se kann nicht universell zu einer höheren Informationsquelle führen.

Im Ergebnis kann festgestellt werden, dass qualitative Angaben dazu führen, dass bestimmte Prozesse und Aspekte dargestellt werden können. Sie würden jedoch aufgrund des Ermessensspielraumes und der fehlenden Quantität zu einer unzulänglichen Informationsquelle führen, so dass im Ergebnis nur ein unzureichender weiterer Nutzen entsteht. Es ist sachgerecht, quantitative Aspekte hinzutreten zu lassen.

4.3 Quantitative Anhangangaben zur Plausibilisierung von steuerlichen Planungen

4.3.1 Detaillierte Darstellung der Planungsrechnungen

Im Gegensatz oder in Kombination zu qualitativer Anhangangaben können die aufgeführten Unzulänglichkeiten durch quantitative Angaben umgangen werden. Dem Bilanzleser sind die steuerlichen Planungsrechnungen nicht bekannt, daher verlangt der Grundsatz der Decision Usefulness von seinem Prinzip her weiterführende Angaben im Anhang.[185] Diese weiterführenden Angaben sind regelmäßig nicht vorhanden, da nach IAS 1.130 nicht erforderlich. Weiterführende Informationen können die Darstellung von Planungen auf Ebene der wesentlichen

---

[182] Vgl. Flacke, K./Kraft, M./Triska, T., Grundlagen des betriebswirtschaftlichen Rechnungswesens, 2015, S. 351.
[183] Vgl. Flacke, K./Kraft, M./Triska, T., Grundlagen des betriebswirtschaftlichen Rechnungswesens, 2015, S. 365.
[184] Vgl. Wöhe, G./Döring, U./Brösel, G., Einführung in die Allgemeine Betriebswirtschaftslehre, 2016, S. 840 f.
[185] Vgl. Höfer, F., Berichterstattung IAS 12, 2009, S. 192.

Steuersubjekte sein. Eine Überleitung auf Ebene dieser Steuersubjekte von den identifizierten temporären Differenzen und Verlustvorträgen zum Überhang aktiver latenter Steuern nach Werthaltigkeitsbetrachtung wäre zweckmäßig, um dem Adressaten nachvollziehbare Informationen zur künftigen Planung und zum Einfluss der Planung auf die aktiven latenten Steuern zur Verfügung zu stellen. Im Gegensatz zur Aktivierungsquote, deren Fokussierung zu Fehlanreizen führen kann[186], würde diese Angabe detailliertere Informationen ohne Fehlsteuerung ermöglichen.

Kritisch betrachtet ergibt sich ein Konflikt zwischen den internen Planungen und dem Informationsbedürfnis externer Adressaten. Das Interesse der Bilanzleser steht über den Interessen einer Steuer-Privatsphäre[187]. Diese Ansicht bezieht sich zwar nicht auf unternehmerische Planungen, sie ist jedoch auf sie ausweitbar. Die Werthaltigkeitsbetrachtung ist eine wichtige Information, welche regelmäßig im Anhang unbehandelt bleibt.

Für diesen und die folgenden Gliederungspunkt gilt, dass eine Erweiterung von Anhangangaben in der Abwägung zwischen Relevanz und Verlässlichkeit zu einem Zielkonflikt führt[188]. Relevanz setzt Verlässlichkeit voraus, in Bezug auf Planungsrechnungen und den Ansatz von aktiven latenten Steuern birgt die Relevanz jedoch das Risiko mangelnder Verlässlichkeit in sich.[189] Ein höherer Detaillierungsgrad führt zur Ausweitung von Angaben die auf Grundlage von Schätzungen basieren. Sofern die Schätzungen der zukünftigen steuerlichen Ergebnisse im Rahmen der Werthaltigkeitsbetrachtung zu einer wesentlichen Auswirkung der Aktivierung der Höhe nach führen, kann es zielführend sein, eine Sensitivitätsanalyse vorzunehmen. Auch hier muss die Abwägung von Kosten und Nutzen nach F. 44 uneingeschränkt gelten.

---

[186] Vgl. Haaker, A., Valuation Allowance, 2012, S.267.
[187] Vgl. Kröner, M., Perspektivwechsel IAS 12, 2006, S. 290.
[188] vgl. Meyer, H., IAS 12, 2013, S. 152.
[189] In Anlehung an Meyer, H., IAS 12, 2013, S. 152 f.

4.3.2 Abweichungsanalyse der Planungsrechnungen

Als Erweiterung der vorherigen Darstellung kann eine Abweichungsanalyse vorgenommen werden. Eine Abweichungsanalyse vergleicht rechnerisch eine realisierte IST-Größe mit einer in vorherigen Perioden definierten SOLL-Größe.[190] Originärer Zweck der Abweichungsanalyse ist dabei die Steuerung.[191] Denkbar ist jedoch die Nutzung im Rahmen der Kontrolle durch den Adressaten. Diese Analyse kann sich beispielsweise auf die Frage beziehen, wie verlässlich Planungen eingetreten sind. Ein höher Detaillierungsgrad würde eine Abweichungsanalyse nach der Ertragsabweichungsanalyse darstellen, diese beinhaltet die Analyse von Aufwand und Ertrag.[192] Die Kontrollfunktion der Abweichungsanalyse verfolgt den Zweck, die Planungstreue zu objektivieren. Dem Adressaten wird es ermöglicht, unmittelbar die Planungsqualität bewerten zu können. Hierdurch kann maßgeblich dazu beigetragen werden, Unsicherheiten abzubauen und die Objektivität zu erhöhen.

Unabhängig vom Detaillierungsgrad muss das Ziel der Abweichungsanalyse eine Beurteilungsmöglichkeit über die Qualität der Planungsrechnung sein. Insoweit erscheint es zielführend, die Analyse nur für den Fall vorzusehen, indem wesentliche Abweichungen zwischen Planung und Eintritt auf Ebene der einzelnen Steuersubjekte vorhanden sind. Die Untergrenze des Detaillierungsgrades könnte in einer qualitativen Angabe bestehen.

4.3.3 Plausibilisierung der Planungsrechnungen durch Kennzahlen

Schlussendlich könnte eine Lösungsmöglichkeit, in einer bislang nicht angewendeten Form, erfolgen. Kennzahlen verdichten und bilden Strukturen vereinfacht ab.[193] Innerhalb von Ratings werden sie dazu genutzt, um durch rückwirkende Betrachtungen allgemein geltende Erfahrungswerte aufbauen zu können, durch die eine Solvenzanalyse einzelner Unternehmen möglich ist. Dieser Grundgedanke könnte mit der Absicht einer Plausibilisierung des Ansatzes aktiver latenter Steuern auf Basis von rückwirkenden Entwicklungen übertragen werden. Dies setzt im ersten Schritt eine weitere Untersuchung voraus. Die weitere Forschung muss eine Kennzahl ermitteln, die entsprechende Korrelationen zum plausiblen Ansatz aktiver latenter Steuern aufweist. Diese Kennzahl muss nachvollziehbar und aussagefähig

---

[190] Vgl. Buchholz, L./Gerhard, R., Internes Rechnungswesen, 2016, S. 135.
[191] Vgl. Buchholz, L./Gerhard, R., Internes Rechnungswesen, 2016, S. 135.
[192] Vgl. Buchholz, L./Gerhard, R., Internes Rechnungswesen, 2016, S. 140.
[193] Vgl. Küting, K./Weber, C., Die Bilanzanalyse, 2015, S. 13.

sein. Unter den Gliederungspunkt lässt sich jedoch ebenfalls eine weniger forschungsintensive Lösung subsumieren. Es könnte eine Kennzahl für jedes Steuersubjekt gebildet werden, die das Wachstum aus der Summe der künftigen steuerlichen Ergebnisplanungen im Planungszeitraum im Vergleich zur Vorperiode angibt. Das Ziel wäre auch hier eine Beurteilung der Planungstreue und der Plausibilität durch den Adressaten.

Wie dargestellt stellt der Gliederungspunkt 4.3 einen Ausblick dar. Insoweit konnte keine Analyse der Relevanz und auch keine Kennzahlen-Forschung vorgenommen werden. Eine Beurteilung schließt sich mangels vorliegender Untersuchungsergebnisse aus.

5 Schlussteil

Aktive latente Steuern stellen aus Sicht des IFRS-Bilanzierers einen Steuervorteil dar, die durch künftige Umkehreffekte und die Nutzung von Verlustvorträgen zu einem Nutzenzufluss führen. Aktive latente Steuern sind nach Saldierung auf ihre Werthaltigkeit zu prüfen. Innerhalb dieser Prüfung ist zwischen der Aktivierung latenter Steuern auf temporären Differenzen und Verlustvorträgen zu unterscheiden. Im Rahmen der Verlustvorträge ist auf das zukünftige zu versteuernde Einkommen abzustellen, wohingegen aktive latente Steuern auf temporäre Differenzen auf das zu versteuernde Einkommen nach Umkehreffekten abzustellen sind. Im Rahmen der Zwischenberichterstattung kann auf einen durchschnittlichen Ertragssteuersatz zurückgegriffen werden, wobei jedoch Änderungen der Werthaltigkeitseinschätzung weiterhin Beachtung finden müssen.

Durch die Notwendigkeit von Schnittstellen zwischen dem Rechnungswesen, der Steuerabteilung und dem Controlling, stellt die Bilanzierung von latenten Steuern hohe Anforderungen an die interdisziplinäre Zusammenarbeit. Aufgrund der hohen Komplexität ist die Ermittlung fehleranfällig.

Die empirische Untersuchung, mit dem Ziel die Objektivität der Bilanzierung zu ergründen, hat gezeigt, dass unter einer finanzwirtschaftlichen Sichtweise aktiven latenten Steuern eine Objektivität zugesprochen werden kann. Die Entwicklung von aktiven latenten Steuern im Kontext der Entwicklung der übrigen langfristigen Bilanzposten weisen keine Auffälligkeiten auf, die dazu führen würden, dass eine Objektivität abgesprochen wird. Es wurde keine quartalsbezogene Entwicklungsabweichung festgestellt, so dass dem Quartal 4 keine Objektivität abgesprochen wird. Die Feststellung der vorliegenden Objektivität konnte unter einer ertragswirtschaftlichen Sichtweise zum Teil widerlegt werden. So nimmt ein wesentlicher Teil der Unternehmen, die über Steuerungsmöglichkeiten in Form einer nicht ausgeschöpften Aktivierungsquote verfügen und sich in einer Ertragssituation befinden, welche Anlass zur Gestaltung gibt, eine Ausweitung des Aktivüberhangs vor, ohne über eine nachvollziehbare Werthaltigkeit aufgrund künftiger Ergebnisse zu verfügen.

Insgesamt können aktiven latenten Steuern in IFRS-Konzernabschlüssen daher zwar eine Objektivität im Kontext der Bilanzentwicklung zugerechnet werden, die Werthaltigkeitsbewertung ist in Fällen einer Ausweitung der aktiven latenten Steuern objektiv für einen Bilanzleser nicht grundsätzlich nachvollziehbar.

Die Ursache der fehlenden Objektivität konnte nicht nachgewiesen werden, da entsprechende Anhangangaben nicht vorgesehen sind. Die fehlende Objektivität impliziert daher nicht die Feststellung, dass Manipulationen festgestellt werden konnten, viel mehr besagt die fehlende Objektivität, dass die Aktivierungspraktiken für den Adressaten der Berichterstattung rückwirkend betrachtet, nicht nachvollzogen werden können.

Ursachen für eine mangelnde Objektivität können Ermittlungsfehler, eine durch unwahrscheinliche Planungen bewusst zu positive oder zu negative steuerliche Planungsrechnung oder eine nicht vorhersehbare Abweichung zwischen Plan- und Ist-Ergebnissen sein.

Um diese Unsicherheit hinsichtlich der Objektivität zu umgehen, sind verschiedenen Lösungsmöglichkeiten denkbar. Bei diesen Lösungsansätzen handelt es sich um einen Ausblick der keinen Anspruch auf Vollständigkeit besitzt. Der Standard IAS 12 ist hinsichtlich der erforderlichen Anhangangaben zu erweitern. Die Anhangangaben sind entsprechend an das kodifizierte Framework anzupassen. Neben der Ausweitung von qualitativen Angaben zur Herleitung der Planungsrechnung ist es besonders zielführend, quantitative Angaben im Anhang vorzunehmen. Quantitative Angaben können eine detaillierte Darstellung der Planungen sein, welche für die Aktivierung von latenten Steuern hergezogen wurden. Zudem können Abweichungsanalysen oder die Angabe von Kennzahlen zur Beurteilung der Planungstreue und Plausibilität sinnvoll sein. Die Forderung hinsichtlich einer Ausweitung von Anhangangaben muss sich am Kriterien der Relevanz und des Kosten-Nutzen-Verhältnisses messen lassen. Insoweit ist es sinnvoll, keine pauschalierte Forderung auszusprechen, sondern zielgerichtet Unternehmen in einschlägigen Bilanzierungs- und Ertragssituationen in den Fokus der ausgeweiteten Berichterstattung zu nehmen.

Literaturverzeichnis

Baetge, Jörg / Kirsch, Hans-Jürgen / Thiele, Stefan, Bilanzen, 14. Auflage, Düsseldorf 2017.

Baetge, Jörg / Kirsch, Hans-Jürgen / Thiele, Stefan, Konzernbilanzen, 11. Auflage, Düsseldorf 2015.

Baetge, Jörg / Lienau, Achim, Praxis der Bilanzierung latenter Steuern im Konzernabschluss nach IFRS im DAX und MDAX, in Die Wirtschaftsprüfung, 2007, S. 15 – 22.

Baetge, Jörg / Matena, Sonja, Fair Value Accounting, in Vom Financial Accounting zum Business Reporting, hrsg. v. Küting, Karl-Heinz / Weber, Claus-Peter, Stuttgart 2002, S. 73 – 100.

Baetge, Jörg, Möglichkeiten der Objektivierung des Jahreserfolges, Düsseldorf 1970.

Baik, Bok / Kyonghee, Kim / Morton, Richard / Roh, Yonhog, Analysts' pre-tax income forecasts and the tax expense anomaly, in Review of Accounting, Juni 2016, Volume 21, S. 559 – 595.

Bay, Wolf / Bruns, Hans-Georg, Internationalisierung der Unternehmenspublizität als Folge globaler Unternehmenstätigkeit, in Unternehmenspublizität im internationalen Wettbewerb, hrsg v. Haller, Axel / Raffounier, Bernhard, Stuttgart 2000, S. 709 – 754.

Becker, Jan / Loitz, Rüdiger / Stein, Volker, Steueroptimale Verlustnutzung, Wiesbaden 2009.

Becker, Wolfgang / Ulrich, Patrick, Internationales Controlling, in Internationales Management und die Grundlagen des globalisierten Kapitalismus, hrsg. v. Eckert, Stefan / Trautnitz, Georg, Wiesbaden 2016, S. 159 – 177.

Berga, Madara / Lorson, Peter C. / Melcher, Winfried, Theoretische Konzepte zur Abbildung von Ertragsteuern, in DStR 2012, S. 2550 – 2557.

Berger, Axel, Was der DPR aufgefallen ist, in Der Betrieb, 2006, S. 2473 – 2475

Bötzel, Stefan, Diagnose von Konzernkrisen, Köln 1993.

Buchholz, Liane / Gerhard, Ralf, Internes Rechnungswesen, 3. Auflage, Berlin 2016.

Chaney, Paul K. / Jeter, Debra C., The Effect of Deferred Taxes on Security Prices, in Journal of Accounting, Audit & Finance, Jahrgang 9, Heft 1, 1994, S. 91 – 116.

Deutsche Börse, Leitfaden zu den Aktienindizes der Deutsche Börse AG, Version 8.2.0, Frankfurt 2017, abrufbar unter http://www.deutsche-boerse-cash-market.com/blob/2940666/e0425be189d5f2952d874bd9cdb8b775/data/Leitfaden-zu-den-Aktieninidzes.pdf, Abruf 12.03.2018.

Diehl, Kevin A., How deferred tax assets and liabilities influence US stock prices, in Applied Economics: Systematic Research, Heft 4.2, 2010, S. 83 – 94.

Dolson, Mary / Selfridge, Iain, Manuel of Accouting IFRS 2017 – Volume 1, London 2016.

Dolson. Mary / Selfridge, Iain, Manuel of accounting IFRS supplement 2018, London 2017.

DPR, Tätigkeitbericht 2010, Berlin 2011, abrufbar unter http://www.frep.info/docs/jahresberichte/2010/2010_tb.pdf, Abruf 2.11.2017.

DRSC, Stellungnahme zur Bilanzierung von latenten Steuern auf steuerliche Verlustvorträge nach IAS 12, 16. Januar 2017, abrufbar unter https://www.drsc.de/app/uploads/2017/06/070116_SN_latenteSteuern_IAS12.pdf, Abruf 16.11.2017.

Eierle, Birgitt / Ritzer-Angerer, Petra, Externe Unternehmensberichterstattung und Vertrauen, in Internationales Management und die Grundlagen des globalisierten Kapitalismus, hrsg. v. Eckert, Stefan / Trautnitz, Georg, Wiesbaden 2016, S. 543 – 560.

Endres, Dieter, Ausmaß internationaler Steuerplanung – aggressiv oder moderat?, in Kernfragen der Unternehmensbesteuerung, hrsg. v. Kahle, Holger / Overesch, Michael / Ruf, Martin / Spengel, Christoph, Wiesbaden 2017, S. 59 – 86.

Ewert, Ralf / Wagenhofer, Alfred, Interne Unternehmensrechnung, 8. Auflage, Graz 2014.

Feller, Anna / Huber, Stefan / Schanz, Deborah, Aufbau und Arbeitsweise der Steuerabteilungen großer deutscher Kapitalgesellschaften (Teil II), in DStR 2017, S. 1673 – 1677.

Flacke, Klaus / Kraft, Mirko / Triska, Thomas, Grundlagen des betriebswirtschaftlichen Rechnungswesens, hrsg. v. Berens, Wolfgang / Knauer, Thorsten, 12. Auflage, Münster 2015.

Flagmeier, Vanessa, The information content of tax loss carryforward: IAS 12 vs. valuation allowance, Arqus Discussion Paper, No. 216, 2017, abrufbar unter http://www.arqus.info/mobile/paper/arqus_216.pdf, Abruf 13.03.2018.

Franz, Klaus-Peter / Winkler, Carsten, Unternehmenssteuerung und IFRS, München 2006.

Friedl, Gunther / Hofmann, Christian / Pedell, Burkhard, Kostenrechnung, München 2010.

Haaker, Andreas, Verstärkt der Ausweis einer valuation allowance den Fehlanreiz zur progressiven Aktivierung von latenten Steuern auf Verlustvorträgen?, in KoR Heft 6, 2012, S. 265 – 268 (Valuation Allowance).

Haddad, Narbeh, Qualität der Rechnungslegung, Hamburg 2016.

Höfer, Ferdinand, Die Berichterstattung über latente Steuern nach IFRS und ihre bilanzanalytische Auswertung, Augsburg 2009 (Berichterstattung IAS 12).

Höhn, Nicole / Höring, Johannes, Das Steuerrecht international agierender Unternehmen, Wiesbaden 2010.

IASB, *Recognition of Deferred Tax Assets for Unrealised Losses*, Veröffentlichung durch die IFRS Foundation am 19.01.2017, abrufbar unter http://archive.ifrs.org/Alerts/PressRelease/Pages/IASB-issues-narrow-scope-amendments-to-IAS-12.aspx, Abruf 13.03.2018.

Idenkämper, Andreas, Münchener Kommentar zum Bilanzrecht, 5. EL, 2014, IAS 12.

Jannsen, Jan, Rechnungslegung im Mittelstand, Wiesbaden 2009.

Kirsch, Hanno, Die Steuerabteilung als Informationslieferant für den IFRS-Abschluss in DStR 2005, S. 1418 – 1423.

Krimpmann, Andreas, Latente Steuern in der Praxis, 1. Auflage, Freiburg 2011.

Kröner, Michael / Benzel, Ute, Konzernsteuerrecht, 2. Auflage, München 2008, hrsg. v. Kessel, Wolfgang / Kröner, Michael / Köhler, Stefan, § 12.

Kröner, Michael, Tax Accounting – ein Perspektivwechsel, in Internationale Rechnungslegung: Standortbestimmung und Zukunftsperspektiven, hrsg. v. Küting, Karlheinz / Pfitzer, Nobert / Weber, Claus-Peter, Stuttgart 2006, S. 281 – 299 (Perspektivwechsel IAS 12).

Kuhn, Lena / Gilbert, Dirk Ulrich, Die Stakeholderanalyse und ihre Implikation für das strategische Management, in Internationales Management und die Grundlagen des globalisierten Kapitalismus, hrsg. v. Eckert, Stefan / Trautnitz, Georg, Wiesbaden 2016, S. 341 – 372 (Stakeholderanalyse).

Küting, Karlheinz / Weber, Claus-Peter, Die Bilanzanalyse, 11. Auflage, Stuttgart 2015.

Leffson, Ulrich, Die Grundsätze der ordnungsgemäßen Buchführung, 7. Auflage, Düsseldorf 1987.

Lienau, Achim / Erdmann, Mark-Ken / Zülch, Henning, Bilanzierung latenter Steuern auf Verlustvorträge nach IAS 12, in DStR 2007, S. 1094 – 1097.

Loitz, Rüdiger / Puth, Pia, Die Ermittlung der tatsächlichen und latenten Steuern nach IFRS im Quartalsabschluss, in DStR 2008, S. 1655 – 1660.

Loitz, Rüdiger / Rössel, Carsten, Die Diskontierung von latenten Steuern, in Der Betrieb, 2002, S. 645 – 651.

Loitz, Rüdiger, Bilanzierung latenter Steueransprüche für Vorträge noch nicht genutzter steuerlicher Verluste nach IFRS, in Wirtschaftsprüfung, 2007, S. 778 – 787.

Loitz, Rüdiger, Tax Accounting nach ED/2009/2, in DStR 2009, S. 2267 – 2273.

Lorson, Peter / Schedler, Jens, Unternehmenswertorientierung von Unternehmensrechnung, in Vom Financial Accounting zum Business Reporting, hrsg. v. Küting, Karl-Heinz / Weber, Claus-Peter, Stuttgart 2002, S. 253 – 294.

Lüdenbach, Norbert / Freiberg, Jens, Möglichkeiten und Grenzen des Werthaltigkeitsnachweises für aktive latente Steuern nach IFRS und HGB, in BB 2011, S. 2603 – 2608.

Marten, Kai-Uwe / Quick, Reiner / Runke, Klaus, Wirtschaftsprüfung, 5. Auflage, Stuttgart 2015.

Marten, Kai-Uwe / Weiser, Felix / Köhler, Annette, Aktive latente Steuern auf Verlustvorträge: zunehmende Tendenz zur Aktivierung, in Bilanzrecht und Betriebswirtschaft, 58. Jg. Heft 44, 2003, S. 2335 – 2341.

Meyer, Henning-Dieter, Die Bilanzierung latenter Steuern nach IAS 12, Bad Nauheim 2013 (IAS 12).

Meyer, Marco / Loitz, Rüdiger / Linder, Robert / Zerwas, Peter, Latente Steuern, 2. Auflage, Wiesbaden 2010.

Meyer, Marco, Berücksichtigung von Steuergestaltungen in der internationalen Rechnungslegung, in DStR 2013, S. 2019 – 2024.

Meyer, Marco, Die Erstellung von Planungsrechnungen als Voraussetzung für die Bilanzierung latenter Steuern, in DStR 2010 1538 – 1542.

Moxter, Adolf, Bilanzlehre, Band I, 3. Auflage, Wiesbaden 1984.

Moxter, Adolf, Grundsätze der ordnungsgemäßen Buchführung, Düsseldorf 2003.

Müller, Stefan / Ladewich, Stefan / Panzer, Lena, Abschlusspolitisches Potenzial latenter Steuern nach HGB und IFRS – Theoretische Grundüberlegungen und empirische Analyse, IRZ 2014, S. 199 – 204 (Abschlusspolitisches Potenzial).

Obermaier, Robert / Müller, Felix, Management accounting research in the lab – method and applications, in Zeitschrift für Planung & Unternehmenssteuerung, 2008, S. 325 – 351.

Pellens, Bernhard / Fülbier, Rolf Uwe / Gassen, Joachim / Sellhorn, Thorsten, Internationale Rechnungslegung, 10. Auflage, Suttgart 2017.

PricewaterhouseCoopes, Measuring Assets and Liabilities – Investment Professionals' View, o.O. 2007.

Ruberg, Lars, Zum Werthaltigkeitsnachweis durch Passivlatenzen bei Mindestbesteuerung und Abbau in steuerlichen Verlustphasen in DStR 2014, S. 606 – 612.

Ruhnke, Klaus / Simons, Dirk, Rechnungslegung nach IFRS und HGB, 3. Auflage, Stuttgart 2012.

Schäfer, Heiko / Suermann Hendrik, Ansatz aktiver latenter Steuern nach IAS 12, in DB v. 17.12.2010, Heft 50/51, S. 2742 – 2750.

Schildbach, Thomas, Der Konzernabschluss nach HGB, IFRS und US-GAAP, 7. Auflage, München 2008.

Schildbach, Thomas, Fair Value Accounting, München 2015.

Schmidt, Malcolm, Research Methods in Accounting, 4. Auflage, Los Angeles 2017.

Schulz-Danso, Martin in IFRS Handbuch, 5. Auflage, 2016, § 25.

Sigloch, Jochen / Keller, Benjamin / Meffert, Thomas, GmbH-Gesetz, 3. Auflage, München 2017, hrsg. v. Michalski, Lutz / Heidinger, Andreas / Leible, Stefan / Jessica Schmidt, Anhang § 41-42a.

Stibi, Bernd / Fuchs, Markus, Neuausrichtung der Bilanzpolitik im IFRS-Abschluss, in IFRS-Management, hrsg. v. Heyd, Reinhard / Keitz, Isabel, München 2007, S. 364 – 390.

Tanski, Joachim S., Rechnungslegung und Bilanztheorie, Berlin 2013.

Veit, Klaus-Rüdiger, Bilanzpolitik, München 2002.

Wagenhofer, Alfred, Bilanzierung und Bilanzanalyse, 12. Auflage, Wien 2015.

Weißenberger, Barbara, IFRS für Controller, 2. Auflage, München 2011.

Winnefeld, Robert, Bilanz-Handbuch, 5. Auflage, München 2015, Rn. 1373.

Wöhe, Günter / Döring, Ulrich / Brösel, Gerrit, Einführung in die Allgemeine Betriebswirtschaftslehre, 26. Auflage, München 2016.

Wöhe, Günter, Bilanzierung und Bilanzpolitik, 9. Auflage, München 1997.

Wollmert, Peter, WP-Handbuch, Düsseldorf 2017.

Zwirner, Christian / Busch, Julia / Reuter, Michael, Abbildung und Bedeutung von Verlusten im Jahresabschluss, in DStR 2003, S. 1042 – 1049.

Anhang

	DAX	SDAX
2013	2,54%	2,40%
2014	2,78%	2,19%
2015	3,00%	2,11%
2016	3,06%	2,06%

Tabelle 16 Anhang: Anteil aktiver latenter Steuern an der Bilanzsumme[194]

		2013	2014	2015	2016
DAX30	Niedrigster Wert	-41,33%	-86,67%	-53,80%	-65,93%
	Höchster Wert	25,85%	28,46%	94,64%	22,18%
SDAX	Niedrigster Wert	-25,00%	-72,41%	-23,08%	-11,11%
	Höchster Wert	35,19%	60,00%	126,67%	100,00%

		2013	2014	2015	2016
DAX30	Bandbreite	67%	115%	148%	88%
SDAX	Bandbreite	60%	132%	150%	111%
		7%	-17%	-1%	-23%

Tabelle 17 Anhang: Gewinnauswirkung der aktiven latenten Steuern im DAX30 und SDAX[195]

---

[194] Quelle: Eigene Darstellung.
[195] Quelle: Eigene Darstellung.

Anhang

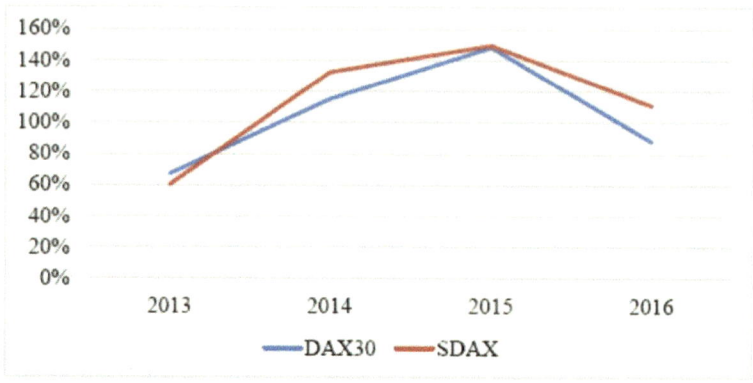

Abbildung 4 Anhang: Grafische Darstellung der Bandbreiten DAX30 und SDAX[196]

Unternehmen DAX 30	Unternehmen SDAX
Adidas AG, Herzogenaurach	ElringKlinger AG, Dettingen an der Ems
BASF SE, Ludwigshafen am Rhein	zooplus AG, München
Bayer Aktiengesellschaft, Leverkusen	VTG Aktiengesellschaft, Hamburg
BMW AG, München	Biotest Aktiengesellschaft, Dreieich
Continental AG, Hannover	Borussia Dortmund GmbH & Co. KGaA, Dortmund
Daimler AG, Stuttgart	Bertrandt AG, Ehningen
Deutsche Börse AG, Frankfurt am Main	Rhön-Klinikum AG, Bad Neustadt an der Saale
Deutsche Post AG, Bonn	Rational AG Landsberg am Lech
Deutsche Telekom AG, Bonn	SAF Holland S.A., Luxembourg
E.ON SE, Essen	Heidelberger Druckmaschinen AG, Heidelberg
Fresenius SE & Co. KGaA, Bad Homburg	Diebold Nixdorf AG, Paderborn
Fresenius Medical Care AG & Co. KGaA, Hof an der Saale	Grammer AG, Amberg
HeidelbergCement AG, Heidelberg	Hamburger Hafen und Logistik AG, Hamburg
Henkel AG & Co. KGaA, Düsseldorf	TAKKT AG, Stuttgart
Infineon Technologies AG, Neubiberg	HORNBACH Holding AG & KGaA, Neustadt
Linde Aktiengesellschaft, München	PUMA SE, Herzogenaurach

---

[196] Quelle: Eigene Darstellung.

Unternehmen DAX 30	Unternehmen SDAX
Lufthansa AG, Köln	Sixt SE, Pullach
Merck KGaA, Darmstadt	DMG Mori Aktiengesellschaft Bielefeld
ProSiebenSat.1 Media SE, Unterföhring	Bilfinger SE, Mannheim
RWE AG, Essen	Klöckner & Co SE, Duisburg
SAP SE, Walldorf	WashTec AG, Ausgburg
Siemens Aktiengesellschaft, München	Wacker Neuson SE, München
thyssenkrupp AG, Essen	Cewe Stiftung & Co. KGaA, Oldenburg
Volkswagen Aktiengesellschaft, Wolfsburg	Koenig & Bauer AG, Würzburg
Vonovia SE, Bochum	Hapag-Lloyd AG, Hamburg

Tabelle 18 Anhang: Stichprobe DAX30 und SDAX[197]

Die Unternehmensbezeichnungen werden im Folgenden in Kurzform angegeben.

Selektion Schritt 1	
nein	ja
Linde	Adidas
Rational	BASF
	Bayer
	BERTRANDT AG
	Bilfinger
	BIOTEST AG
	BMW
	Borussia Dortmund
	CEWE STIFTUNG & Co. KGaA
	Continental
	Daimler
	Deutsche Börse
	Deutsche Post
	Deutsche Telekom
	DMG MORI SEIKI AG

---

[197] Quelle: Eigene Darstellung.

Selektion Schritt 1	
nein	ja
	Elringklinger
	E.ON
	Fresenius
	Fresenius Medical Care
	Grammer
	Hamburger Hafen
	HAPAG-LLOYD AG
	HeidelbergCement
	Heidelberger Druck
	Henkel
	HORNBACH Holding
	Infineon
	Klöckner & Co
	KOENIG & BAUER AG
	Lufthansa
	Merck
	ProSiebenSat.1 Media
	PUMA SE
	Rhön Klinikum
	RWE
	SAF Holland
	SAP
	Siemens
	Sixt
	TAKKT AG
	Thyssenkrupp
	Volkswagen
	Vonovia
	VTG AG
	Wacker Neuson
	WASHTEC AG
	DieboldNixdorf AG
	Zooplus

Tabelle 19 Anhang: Hypothese 2, Stichproben-Selektion Schritt 1[198]

Selektion Schritt 2	
nein	ja
E.ON	Adidas
Fresenius Medical Care	BASF
ProSiebenSat.1 Media	Bayer
RWE	BMW
Siemens	Continental
Zooplus	Daimler
BIOTEST AG	Deutsche Börse
Borussia Dortmund	Deutsche Post
Rhön Klinikum	Deutsche Telekom
TAKKT AG	Fresenius
HORNBACH HOLDING	HeidelbergCement
Sixt	Henkel
Bilfinger	Infineon
Washtec AG	Lufthansa
CEWE STIFTUNG & Co. KGaA	Merck
	SAP
	Thyssenkrupp
	Volkswagen
	Vonovia
	Elringklinger
	VTG AG
	BERTRANDT AG
	SAF Holland
	Heidelberger Druck
	DieboldNixdorf AG
	Grammer
	Hamburger Hafen
	PUMA SE

---

[198] Quelle: Eigene Darstellung.

Selektion Schritt 2	
nein	ja
	DMG MORI SEIKI AG
	Klöckner & Co
	Wacker Neuson
	KOENIG & BAUER AG
	HAPAG-LLOYD AG

Tabelle 20   Anhang: Hypothese 2, Stichproben-Selektion Schritt 2[199]

Selektion Schritt 3	
(a)	(b)
BASF	Daimler
Deutsche Telekom	HeidelbergCement
Fresenius	Lufthansa
Infineon	Thyssenkrupp
VTG AG	
BERTRANDT AG	
Heidelberger Druck	
DieboldNixdorf AG	
PUMA SE	
DMG MORI SEIKI AG	
(c)	(d)
Adidas	Bayer
Deutsche Post	BMW
SAP	Continental
Vonovia	Deutsche Börse
HAPAG-LLOYD AG	Henkel
	Merck
	Volkswagen

[199] Quelle: Eigene Darstellung.

Selektion Schritt 3	
(a)	(b)
	Elringklinger
	SAF Holland
	Grammer
	Hamburger Hafen
	Klöckner & Co
	Wacker Neuson
	KOENIG & BAUER AG

Tabelle 21 Anhang: Hypothese 2, Stichproben-Selektion Schritt 3[200]

---

[200] Quelle: Eigene Darstellung.

Selektion Schritt 4	
ja	nein
Adidas	BMW
Bayer	thyssenkrupp
Continental	Volkswagen
Daimler	Grammer
Deutsche Börse	Elringklinger
Deutsche Post	Hamburger Hafen
HeidelbergCement	Klöckner & Co
Henkel	Wacker Neuson
Lufthansa	
Merck	
SAP	
SAF Holland	
Vonovia	
KOENIG & BAUER AG	
HAPAG-LLOYD AG	

Tabelle 22 Anhang: Hypothese 2, Stichproben-Selektion Schritt 4[201]

---

[201] Quelle: Eigene Darstellung.